Sämtliche Sprachkurse und Videos finden Sie auf

www.vera-f-birkenbihl.de
www.birkenbihl-sprachen.de

sowie

www.birkenbihl.tv

Die Internetangebote werden laufend aktualisiert und erweitert.

Vera F. Birkenbihl, Rainer Gerthner
»Arbeitsbuch zu Italienisch lernen für Einsteiger 1+2«

Dieses Buch wurde auf FSC®-zertifiziertem Papier gedruckt. FSC® (Forest Stewardship Council®) ist eine nicht staatliche, gemeinnützige Organisation, die sich für eine ökologische und sozial verantwortliche Nutzung der Wälder unserer Erde einsetzt.

Autorin: Vera F. Birkenbihl und Rainer Gerthner
Dekodierung: Rainer Gerthner
Sprecher: Luciana Caglioti, Domenico Sambuco
Sprecher Einführung: Vanida Karun, Günter Merlau
Umschlagfoto: shutterstock.com
Umschlag + CD-Gestaltung: Beate B. Köhler
Lektorat Einführung: Anke Schenker
Lithografie, Satz und Herstellung: Robert B. Osten
Remastering: Robert B. Osten
CD Duplikation: Klarsicht Verlag

4. Auflage
ISBN 978-3-98584-019-9

Besuchen Sie auch unsere Websites:
www.birkenbihl-sprachen.de · www.birkenbihl.tv · www.klarsicht-verlag.de

Klarsicht Verlag · Bramfelder Str. 102A · 22305 Hamburg · Germany · info@klarsicht-verlag.de

Inhaltsverzeichnis

Einführung

Arbeitsblätter

Herzlich willkommen!

Sie wollen eine neue Sprache lernen, und zwar so schnell und leicht wie möglich. Mit diesem Sprachkurs werden Sie bei minimalem Lerneinsatz sehr rasch vorankommen, denn er ist nach der Birkenbihl-Methode aufgebaut. Mit ihr werden Sie leichter lernen als je zuvor. Die wichtigste Grundregel lautet nämlich: *Vokabel- und Grammatikpauken verboten!*

Da das Lernen nach der Birkenbihl-Methode von Ihren bisherigen Erfahrungen beim Fremdsprachenlernen sicher sehr stark abweicht, möchten wir Sie bitten: **Nehmen Sie sich einige Minuten Zeit, um diese Einleitung aufmerksam zu lesen.** Später werden Sie ein Vielfaches dieser Zeit einsparen.

Die 4 Schritte der Birkenbihl-Methode auf einen Blick

Schritt 1: Die Bedeutung erfassen

Lesen Sie den deutschen Text aufmerksam durch und versuchen Sie, sich die Handlung bildhaft vorzustellen. *Machen Sie aus dem geschriebenen Text einen fantasievollen Film, der vor Ihrem geistigen Auge abläuft.* Anschließend lesen Sie den deutschen Text der Wort-für-Wort-Übersetzung (= Dekodierung) durch und stellen sich die Handlung so bildhaft wie möglich vor.

Schritt 2: Hören/AKTIV

Aktives Hören bedeutet, dass Sie den geschaffenen Film mit der Fremdsprache verknüpfen. Dazu hören Sie sich die Aufnahme des Textes in langsamer Sprechgeschwindigkeit an und lesen gleichzeitig die Dekodierung mit.

Bei diesem Schritt verbindet Ihr Gehirn den Film mit den fremdsprachigen Worten. Wenn Sie diese Übung einige Male wiederholen, ist es Ihrem Gehirn bald egal, ob es das deutsche oder das fremdsprachige Wort hört.

Schritt 3: Hören/PASSIV

Lassen Sie die CD oder Audiodatei mit dem Text in normaler Sprechgeschwindigkeit leise im Hintergrund laufen, ohne (bewusst) zuzuhören. Bei diesem Schritt lernen Sie gewissermaßen passiv, während Sie Ihrer Arbeit oder Ihren Hobbys nachgehen. Ihr Unterbewusstsein gewöhnt sich nun an die Aussprache und den Klang der Fremdsprache.

Schritt 4: Praxis!
Sprechen – Lesen – Schreiben

Trainieren Sie das Sprechen, Lesen und Schreiben in der Fremdsprache. Setzen Sie dabei eigene Schwerpunkte, und bereiten Sie sich gezielt auf bestimmte Situationen vor. Lassen Sie sich von einigen Beispielen inspirieren:

Sprechen: Eine einfache und sehr effektive Methode, das Sprechen zu üben, ist das Mitsprechen im Chor. Schon nach kurzer Zeit ahmen Sie die Aussprache der Sprecher perfekt nach.

Lesen: Üben Sie das Lesen, indem Sie den fremdsprachigen Text lesen. Sie werden sehen, wie gut Sie ihn nun auch ohne die deutsche Dekodierung verstehen.

Schreiben: Schreiben Sie den Text ab, oder üben Sie das klassische Diktat. Lassen Sie sich den Text von der CD oder Audiodatei diktieren. Wählen Sie Ihr Tempo selbst, indem Sie das Abspielen mit der Pausen-Funktion so lange unterbrechen, bis Sie den Text geschrieben haben.

Die 7 Garanten für Ihren Erfolg beim Sprachenlernen mit der Birkenbihl-Methode

1. **Vokabelpauken verboten!** Oder haben Sie Ihre Muttersprache durch Auswendiglernen einzelner, isolierter Wörter gelernt? Na eben!
2. **Sie lernen nur, was Sie lernen wollen,** wobei wir als Minimum das (verstehende) Hören der Fremdsprache voraussetzen.
3. **Sie entscheiden, ob Sie auch das Sprechen, Lesen und/oder Schreiben lernen wollen.** Wer sich vor allem unterhalten will, braucht nur das (verstehende) Hören und Sprechen zu lernen. Wer lesen und/oder schreiben können will, lernt auch das Lesen und/oder Schreiben. Warum sollen alle Lernenden (wie in der Schule) über einen Kamm geschoren werden, wenn jede/r andere Bedürfnisse hat?
4. **Grammatikregeln sind unnötig.** Wenn Sie nicht zu den 3% der Menschen gehören, für die Grammatik ein Genuss ist, dann brauchen Sie sich bei der Birkenbihl-Methode mit keiner einzigen Grammatikregel auseinanderzusetzen. Schließlich haben Sie ja auch Ihre Muttersprache so gut wie Ihre Umwelt gesprochen, ehe Sie (in der Schule) das erste Mal mit Grammatik konfrontiert worden sind!
5. **Sie brauchen keinen Lehrer.** Letztendlich muss man jede Sprache in den eigenen Kopf bekommen. Wenn die Lernmaterialien richtig aufgebaut sind, benötigen Sie keinen Unterricht, der die Lücken im Lehrbuch füllen soll.
6. **Sie brauchen keine Mitschüler!** Denn es hilft Ihnen nichts, wenn Sie die Fehler Ihrer Mitschüler als »Vorbild« zu hören bekommen; sonst ahmen Sie diese nach statt der guten Vorbilder auf den CDs bzw. im Onlinekurs oder in den MP3-Dateien! Denn das Imitieren dessen, was man hört, ist der Schlüssel zum Erfolg – so haben Sie auch Ihre Muttersprache gelernt. Je öfter Sie sich mit den guten Vorbildern dieses Kurses umgeben, desto schneller werden Sie in der Fremdsprache fühlen, denken und (re)agieren können!
7. **Ein Großteil der Lernarbeit wird an das Unterbewusste delegiert.** Nach dem Motto: Wenig aktive Lernzeit investieren, dafür möglichst oft passiv (nebenbei) hören! Diese Phase des passiven Hörens kostet keine Extraminute Ihrer Zeit!

Sprachenlernen ist leicht – auf die Methode kommt es an!

Die meisten Menschen glauben, sie hätten kein Sprachtalent. Sie halten die wenigen Menschen, die auf diesem Gebiet erfolgreich sind, für Ausnahmen. Das stimmt jedoch nur bedingt. Mit der falschen Lernmethode werden nur wenige Super-Begabte lernen können. Aber: *Mit der richtigen Methode können auch Normalbegabte erfolgreich sein!*

Die Birkenbihl-Methode ist deshalb so effektiv, weil sie *gehirn-gerechtes Lernen* ermöglicht. Die vier Lernschritte zielen darauf ab, die *Struktur der Fremdsprache transparent zu machen*. Da das Gelernte schnell und leicht im Unterbewusstsein verankert wird, wird es weit besser behalten und kann bei Bedarf sicher abgerufen werden.

Sie müssen überhaupt nicht glauben, dass es funktioniert! Zweifeln Sie nach Herzenslust, aber machen Sie einen fairen Selbstversuch. Befolgen Sie die einfachen *Spielregeln zum sicheren Sprachlernerfolg* und überzeugen Sie sich selbst. Beweisen Sie sich, dass auch Sie mit Freude erfolgreich Sprachen lernen können. Dabei gewinnen Sie nicht nur Sprachkenntnisse, sondern stärken auch Ihr Selbstwertgefühl, denn jede Verbesserung irgendeiner Fertigkeit bewirkt genau das. Deshalb macht das *Lernen mit diesem Kurs nach der Birkenbihl-Methode wirklich Freude*, wie Sie sehr bald sehen werden.

Die vier sprachlichen Grundfertigkeiten

Wenn wir uns mit Sprache befassen (auch mit unserer Muttersprache), dann gibt es *vier verschiedene Fertigkeiten*, die wir mehr oder weniger gut beherrschen:

- **Hören** (verstehen, begreifen, was jemand sagt),
- **Sprechen,**
- **Lesen** (leise oder laut vorlesen) und
- **Schreiben** (abschreiben, nach Diktat oder frei schreiben).

Merke: Wer in seiner Muttersprache gut verstehen (hören) kann, der kann dies auch in anderen Sprachen lernen. Anders ausgedrückt: *Wer in seiner Muttersprache gut und flüssig sprechen kann, der kann auch lernen, in anderen »Zungen« zu reden!* Aber auch das Gegenteil ist richtig: *Wer in seiner Muttersprache lieber zuhört, als aktiv zu erzählen, der wird in einer anderen Sprache ähnlich reagieren!*

Und wer in seiner Muttersprache ungern (oder schlecht) liest (oder Briefe schreibt), der wird auch ungern in einer anderen Sprache lesen oder schreiben. Trotzdem versuchen die meisten SprachlehrerInnen (die es natürlich gut meinen), ihren jungen oder erwachsenen Lernern alle vier Fertigkeiten in gleichem Umfang beizubringen. Das müssen sie auch, wenn sie mit Gruppen arbeiten.

Aber Sie, liebe Leserin, lieber Leser, Sie können sich Ihren Lernweg selbst aussuchen. Möchten Sie nur hören und verstehen können, um schon bald Fernsehsendungen und Filme in Ihrer Wunschsprache zu verfolgen? Warum sollten Sie sich dann mit dem Schreiben quälen, wenn Ihnen das keinen Spaß macht? Das ist der große Vorteil, den Sie als erwachsener Selbstlerner haben: Sie allein entscheiden, was Sie können wollen. Und das lernen Sie dann mit der Birkenbihl-Methode!

So, nun wissen Sie genug, um zu erfahren, was Sie konkret tun sollen, damit Sie noch heute beginnen können, schnell und leicht die von Ihnen gewählte Sprache zu lernen! Wetten, dass auch Sie sich in Zukunft über Ihre stetigen Erfolgserlebnisse freuen werden?! Auch wenn Sie jetzt noch zweifeln, hoffe ich, dass Sie den Versuch wagen und sagen: »Top, die Wette gilt!«

Die 4 Schritte der Birkenbihl-Methode

Schritt 1: Die Bedeutung erfassen

Lesen Sie den deutschen Text aufmerksam durch und versuchen Sie, sich die Handlung bildhaft vorzustellen. Fragen Sie sich: Worum geht es in diesem Text? *Diese Übung soll aus dem geschriebenen Text einen fantasievollen Film machen,* der vor Ihrem geistigen Auge abläuft. Je lebendiger Sie sich die Handlung vorstellen, desto leichter wird Ihnen (in Schritt 2) das Verstehen der fremden Sprache fallen.

Nachdem Sie den deutschen Text visualisiert haben, nehmen Sie sich den Text in der deutschen Dekodierung mit einem Farbstift vor: Lesen Sie die Dekodierung langsam durch, und stellen Sie sich das Gelesene wieder bildlich vor. Sorgen Sie dafür, dass Sie wirklich verstehen, worum es geht, was passiert, wer zu wem spricht etc.

Den deutschen Text sowie die Dekodierung finden Sie auf den Arbeitsblättern ab Seite 11, die auch als PDF-Datei diesem Kurs beigefügt sind. Diese Arbeitsblätter sind absichtlich in schwarzweiß gehalten, damit Sie sie mit farbigen Stiften bearbeiten können.

Diese wortwörtliche Übersetzung kann teilweise sehr amüsant wirken. Lassen Sie sich spielerisch und mit Neugierde auf diese Erfahrung ein. So wird der fremdsprachige Text vom ersten Wort an transparent.

Wenn Sie noch keine Vorkenntnisse haben, dann lesen Sie zu diesem Zeitpunkt bitte ausschließlich den deutschen Text der Dekodierung! Kümmern Sie sich überhaupt noch nicht um die Wörter der Fremdsprache. Malen Sie das Deutsche mit einem farbigen Stift an, damit Ihre Augen dieser »Spur« leicht folgen können.

Haben Sie hingegen bereits Vorkenntnisse, dann lesen Sie den fremdsprachigen Text langsam, aber nur solange Sie jedes Wort sofort und sicher deuten können. Sie wollen ganz genau verstehen, was der Text Ihnen vermitteln möchte! Wann immer Sie auf ein Wort treffen, das Ihnen nicht sofort klar ist, dann gilt: Malen Sie die deutsche Dekodierung unter diesem Wort an. So werden Ihre Augen später an dieser Stelle automatisch das farbig markierte deutsche Wort erfassen!

Eine Besonderheit, die den *Lernerfolg fördert,* besteht darin, dass Sie sich bei der Birkenbihl-Methode immer nur auf *einen einzigen Aspekt* konzentrieren. In Schritt 1 geht es daher nur um das Verständnis. In manchen Kursen wird zwar bereits eine Übersetzung angeboten, aber wiewohl eine sogenannte »gute Übersetzung« bereits förderlich ist, ist die Dekodierung noch hilfreicher, denn dadurch erschließt sich Ihnen die Struktur der Fremdsprache vom ersten Satz an.

Ist der dekodierte Text dem »guten Deutsch« sehr ähnlich, dann ist diese Art von Satz für uns leicht zu lernen. Weicht das »Pseudo-Deutsch« hingegen vom »guten Deutsch« ab, so registrieren Sie dies unbewusst und können sich diese Struktur genauso leicht unbewusst einprägen, wie Sie einst die typischen Strukturen Ihrer Muttersprache gelernt haben.

Beim Lesen der Wort-für-Wort-Übersetzung darf gelacht werden! »Pseudo-Deutsch« kann sehr erheiternd wirken, da ja die fremdsprachige Satzkonstruktion der deutschen nicht immer entspricht. Allerdings sollte uns klar sein, dass gerade jene »witzigen« Satzstrukturen für nicht-deutschsprachige Menschen, die Deutsch lernen, sehr schwierig sind, weil unsere sprachliche Form ihnen genauso komisch erscheint. Das vergessen wir oft, wenn uns die »fremde« Formulierung eigenartig anmutet.

Schritt 2: Hören/AKTIV

In dieser Phase arbeiten Sie mit dem *dekodierten Text* und der *langsamen fremdsprachigen Version.*

Aktives Hören bedeutet, dass Sie die in Schritt 1 gemachten Bilder mit den fremdsprachigen Wörtern verknüpfen. *In diesem Moment verbindet Ihr Gehirn Ihr Bild mit dem entsprechenden Wort der Fremdsprache.* Wenn Sie diese Übung einige Male wiederholen, ist es Ihrem Gehirn bald egal, ob es das deutsche oder fremdsprachige Wort hört. Es wird Ihnen in beiden Fällen das gleiche Bild anbieten. Mit anderen Worten: Sie verstehen den Text nun auch in der von Ihnen gewählten Fremdsprache. Ganz nebenbei haben Sie in dem Moment des Verstehens die fremdsprachige *Sprachstruktur* mitgelernt.

Wenn Sie EinsteigerIn sind, hören Sie jetzt Satz für Satz und lesen Sie dabei die deutsche Dekodierung mit. Satz für Satz bedeutet im Klartext, dass Sie zunächst wirklich nach jedem Satz die Pause-Funktion Ihres Abspielgeräts betätigen. Dies gibt Ihnen genügend Zeit, sowohl den fremdsprachigen Klang auf sich wirken zu lassen, als auch die Bedeutung zu registrieren!

Wenn Sie Vorkenntnisse haben, können Sie gleich den fremdsprachigen Text mitlesen, wobei Sie neue fremdsprachige Wörter überspringen, weil Sie an deren Stelle die deutschen Wörter lesen, die Sie bei Schritt 1 farbig markiert haben.

Sie erinnern sich, dass Sie mit der Birkenbihl-Methode jeweils nur einen einzigen Aspekt trainieren. In Schritt 1 war dies das Verstehen des Textes. In *Schritt 2* binden Sie dieses Verständnis an den *Klang der fremdsprachigen Wörter.* Das ist enorm wichtig! Deshalb müssen Sie Schritt 2 langsam durchlaufen! Bedenken Sie bitte, dass Sie insgesamt enorm viel Zeit sparen, weil Sie anders vorgehen als früher. Da musste man zuerst Vokabeln büffeln und den Text mühselig entziffern. All das fällt jetzt weg! Deshalb können Sie sich beim Hören/AKTIV wirklich Zeit lassen: *Je gründlicher Sie diesen Schritt durchlaufen, desto mehr Zeit werden Sie später einsparen!*

Auf diese Weise gehen Sie den Text abschnittsweise (ganz langsam und gemütlich) so lange durch, bis Sie den dekodierten Text nicht mehr brauchen. Sie können jetzt jeden Satz dieses Abschnittes (ohne Benutzung der Pause-Funktion) verstehen, ohne den deutschen Text mitzulesen.

Am Ende von Schritt 2 ist es für Ihr Gehirn vollkommen egal, ob Sie diesen Text in der Fremdsprache oder in Ihrer Muttersprache hören, weil Sie ihn auf jeden Fall hervorragend verstehen werden!

Wenn Sie anfangen, sich mit der langsamen Sprechgeschwindigkeit zu langweilen, ist der Moment gekommen, auf die normale Sprechgeschwindigkeit umzusteigen.

Schritt 3: Hören/PASSIV

In diesem Schritt lernen Sie nicht bewusst, sondern mit dem *Unterbewusstsein*, während Sie Ihrer Arbeit oder Ihren Hobbys nachgehen. Ihr Unterbewusstsein gewöhnt sich nun an die Aussprache und den Klang der fremden Sprache.

Gleichzeitig lernen Sie auch die Satzstruktur, die Sie durch die Dekodierung bereits registriert haben und die sich bei jeder weiteren passiven Wiederholung tiefer ins Unterbewusstsein einschleift! *Das geht kinderleicht, da Sie bei jedem Passivhören quasi einen Mini-Aufenthalt im Zielland erleben.* Einen Mini-Aufenthalt, der Sie keine Extraminute Ihrer wertvollen Zeit (und kein Geld) kostet.

Ich weiß, dass viele Menschen die Idee des passiven Lernens zunächst ablehnen, weil der sogenannte gesunde Menschenverstand (d. h. unsere »Programmierung« aus der Kindheit) dagegenspricht. Bitte bedenken Sie jedoch, ehe Sie diesen Schritt vielleicht ablehnen: *Passives Lernen kostet keine einzige Minute Ihrer wertvollen Zeit!* Passives Hören läuft »völlig nebenbei« ab! So sehen Sie sich z. B. einen spannenden Krimi im Fernsehen an und lassen gleichzeitig leise Ihren Sprachentext im Hintergrund laufen. Je mehr Sie sich auf den Film konzentrieren, desto besser! Oder Sie lassen die Audio-Datei leise laufen, während Sie Musik hören und/oder lesen. Es kostet Sie ja keine Zeit, das Experiment zu wagen, oder?!

Passives Hören kann allerdings nur funktionieren, wenn wir nicht alle zwei Minuten die Wiedergabe neu starten müssen. Daher empfehlen wir Ihnen, eine automatische Wiederholung zu programmieren. Wichtig ist, dass Sie sich in Schritt 2 *genug Zeit* gelassen haben, sodass Sie jetzt wirklich alles mühelos verstehen können.

Beachten Sie, dass die verschiedenen Arbeitsschritte parallel durchgeführt werden: Während Sie einen speziellen Textabschnitt (tagelang, so oft wie möglich) passiv hören, beginnen Sie natürlich bereits mit den nächsten Textabschnitten (Schritt 1 und Schritt 2)!

Wenn Ihnen später Schritt 4 schwierig erscheint, liegt es nicht etwa daran, dass er schwierig ist, *sondern dass Sie zu früh mit Schritt 4 begonnen haben.* In diesem Fall heißt es: diesen Textabschnitt weiterhin passiv hören.

Genau hierin liegt ein wesentlicher Unterschied zum klassischen Sprachenlernen. Dabei geht man nämlich davon aus, dass alle Lernvorgänge in etwa gleich lang dauern, aber das ist nicht so. So kann Frau Peters z. B. 10 Minuten für Schritt 1 benötigen, während sie für Schritt 2 eine Stunde braucht (weil sie noch ganz am Anfang steht).

Es ist möglich, dass sie erst in drei Wochen die ersten Sprech-Aktivitäten mit diesem Textabschnitt beginnt, während sie mit späteren Lektionsabschnitten bereits die Schritte 1 und 2 durchlaufen hat und nun auch diese Abschnitte passiv (Schritt 3) zu hören beginnt. Und es kann sein, dass Frau Peters zu einem bestimmten Zeitpunkt die ersten beiden Lektionen voll beherrscht (Sprechen, Lesen und/oder Schreiben) und mit Schritt 4 gerade bei der dritten Lektion beginnt, während sie mit dem aktiven Hören (Schritt 2) bereits bis zur letzten Lektion vorgedrungen ist.

Es gibt sehr viele Gelegenheiten, bei denen Sie passiv hören können: z. B. beim Spazierengehen, Lesen, Fernsehen, während Sie Ihrem Hobby oder Ihrer Arbeit nachgehen.

Schritt 4: Praxis! Sprechen – Lesen – Schreiben

Jetzt kennen Sie den Text (fast) auswendig, daher können Sie nun gezielt Lern-Aktivitäten mit großem Erfolg planen und durchführen. Dieser Lernschritt beinhaltet sehr viele Möglichkeiten, diesen Kurs nach Ihren speziellen Wünschen zu gestalten. Neben den hier vorgestellten finden Sie eine Vielzahl in meinem Buch »Sprachenlernen leichtgemacht«, das ebenfalls im Klarsicht Verlag erschienen ist (ISBN 978-3-98584-202-5).

Die Fremdsprache sprechen lernen

Es ist viel leichter, als Sie vielleicht befürchten. Wer in der Schule Probleme mit dem Sprechen einer Fremdsprache hatte, der erinnere sich: Wir mussten immer viel zu früh sprechen! Beim Vokabellernen sollten wir die Wörter zumindest halblaut murmeln, d. h. zu einem Zeitpunkt, als wir noch gar nicht wussten, wie sie klingen würden (es fehlten die Schritte 2 und 3)! Und im Unterricht sollten wir Sätze sagen, deren Sinn wir noch gar nicht begriffen hatten (es fehlten die Schritte 1 und 2)!

Allerdings gab es einmal eine hervorragende Technik, das Sprechen zu lernen, nämlich das gemeinsame *Sprechen im Chor* mit der Klasse. Wer eine Sprache auf diese Weise gelernt hat, der kann noch zwanzig Jahre danach ganze Passagen rezitieren und weiß auch genau, was er da erzählt. Leider wurde diese Technik in den meisten Schulen abgeschafft!

Aber dank der modernen Technik können Sie mit Ihrer CD (oder Ihrem Audio-Player im Computer, Smartphone oder Tablet) im Chor sprechen, wann immer, wo immer und wie oft Sie wollen. Das geht so: Zuerst drehen Sie die Lautstärke relativ stark auf, während Sie ziemlich leise mitsprechen. Nach einer Weile können Sie den Ton Ihrer Vorbilder immer leiser drehen, weil Sie jetzt lauter und mit mehr Selbstvertrauen sprechen.

Nach einigem Training ist der Ton der CD/des Players fast nicht mehr zu hören. Genauso wie Sie das dekodierte »Pseudo-Deutsch« nur vorübergehend als »Krücke« benutzen, brauchen Sie den Originalton nun lediglich als Stütze.

Und so sollte Lernen auch vonstatten gehen: Als Kind sind Sie auf allen Vieren gekrochen, ehe Sie laufen konnten. Aber als Sie sich dann aufgerichtet haben, konnten Sie sehr schnell ohne Stütze gehen und bald auch laufen, springen, Rollschuhfahren und vieles mehr!

Wenn Sie einen Text auf diese Weise durch die vier Schritte »gezogen haben«, dann heißt das: Alles, was die Personen in den Lektionen sagen oder denken, können Sie hinterher mit derselben Sicherheit sagen oder (laut bzw. leise) denken! Und Ihre Aussprache klingt nicht »typisch deutsch«, sondern (fast) wie die eines Einheimischen. Man muss es erprobt haben, um zu erleben, wie leicht es geht!

Wer einen Text mit der Chor-Methode trainiert, wird später – im »richtigen« Leben – in vergleichbaren Situationen mit ganzen Sätzen aus der Lektion reagieren, und zwar automatisch! Darüber muss man nicht nachdenken, es »passiert« einfach. Wenn es das erste Mal geschieht, ist man meistens selbst völlig verblüfft und fragt: »Habe ich das gesagt?« Ja, das haben Sie gesagt, denn durch das Lernen Schritt für Schritt nach der Birkenbihl-Methode haben sich die Grundstrukturen und Satzmuster der Fremdsprache in Ihr Unterbewusstsein eingeschliffen.

In einer konkreten Situation in den Ländern, in denen die von Ihnen gewählte Sprache gesprochen wird, werden diese Muster aktiviert; wenn Sie nun sprechen, wiederholen Sie nicht nur die Ihnen bekannten Sätze aus dem Buch, sondern Sie sind automatisch in der Lage, innerhalb der Ihnen vertrauten Muster einzelne Elemente nach Bedarf spontan zu variieren, also Ihre »eigenen« Sätze zu bilden. Das muss so laufen, weil Sie durch die Birkenbihl-Methode gewissermaßen in die neue Sprache »eintauchen«, d. h., Sie lernen, diese zu denken!

Die Fremdsprache lesen lernen

Wenn Sie lesen lernen wollen, dann können Sie sich jetzt mit dem fremdsprachigen Text beschäftigen. Beginnen Sie dabei mit der Dekodierung. Diesmal markieren Sie jedoch mit einem Stift anderer Farbe den Originaltext, damit Ihre Augen diesem gut folgen können, während Sie den Text wieder bewusst hören und dabei Wort für Wort mitlesen. Aktivieren Sie die *Pause-Funktion*, sooft Sie wollen. Lassen Sie sich Zeit! Fahren Sie in dieser Weise fort, bis Sie den Text lesen können, ohne zwischendurch auf die Dekodierung zu schielen.

Die Fremdsprache schreiben lernen

Wenn Sie schreiben lernen wollen, dann gibt es viele Möglichkeiten zu üben, z. B. schreiben Sie Textpassagen aus dem Lehrbuch ab, die Ihnen gefallen oder die Wörter enthalten, die Sie besonders interessieren. Oder Sie kopieren einige Textabschnitte aus dem Originalbuch; dann übermalen Sie einige Wörter mit Tipp-Ex. Nun können Sie testen, ob Sie beim Abschreiben die fehlenden Wörter auswendig wissen und ergänzen können.

Sie können natürlich auch die langsame Version verwenden, um nach Diktat zu schreiben. Arbeiten Sie auch hier wieder mit der Pause-Funktion, sooft Sie wollen, bis Sie einen Satz in Ruhe geschrieben haben.

Das waren einige erste Anregungen. Beweisen Sie sich, dass auch Sie leicht und mit Faszination Fremdsprachen lernen können. Sie erinnern sich an unsere Wette? *Ich wette, dass es Ihnen viel Freude machen wird!*

Drei Ratschläge für Ihren Erfolg

1. Persönliche Zielsetzung

Wenn Sie genau wissen, warum Sie die von Ihnen gewählte Sprache sprechen wollen und es sich auch in vielen Einzelheiten bildlich vorstellen können (z. B. wie Sie mit Ihrem Wohnmobil durch das entsprechende Land fahren und sich mit »Einheimischen« fließend unterhalten können), dann »schaltet« Ihr Gehirn bei allen Informationen, die mit dieser Zielrichtung zu tun haben, automatisch auf Empfang. Das heißt für die Praxis, dass Sie mit einem klaren Ziel vor Augen viel aufmerksamer und damit erfolgreicher lernen werden. Denn das beste Werkzeug ist für Sie nur dann von Nutzen, wenn Sie eine klare Vorstellung haben, wofür Sie es verwenden wollen.

2. Individualisieren Sie Ihre Unterlagen

Nehmen Sie Farbstifte und machen Sie diesen Kurs zu Ihrem Kurs. Unterstreichen oder umkreisen Sie, was Ihnen besonders wichtig ist oder was Ihnen besonders merkwürdig erscheint. Tun Sie dies insbesondere bei der Wort-für-Wort-Übersetzung. Je bunter, desto besser, denn Farben unterstützen Ihre kreative Seite.

3. Nehmen Sie sich Zeit!

Gehen Sie langsam durch die vier Schritte der Birkenbihl-Methode, denn dann werden Sie langfristig ca. drei Viertel der normal zu veranschlagenden Lern-Zeit einsparen können! Dazu eine kleine Geschichte:

Till Eulenspiegel saß am Wegesrand, als eine Kutsche mit vier Pferden aus der Entfernung heranraste. Als sie vor ihm hielt, schrie der Kutscher: »Wie weit ist es noch zur Stadt?« Eulenspiegel antwortete: »Wenn Ihr langsam fahrt, werdet Ihr in zehn Minuten dort ankommen. Rast Ihr hingegen, wird es Stunden dauern.« Darauf der Kutscher: »Idiot!« Er drosch auf die Pferde ein und preschte davon. Eulenspiegel begann langsam in Richtung Stadt zu wandern. Als er eine halbe Stunde gegangen war, begegnete er dem Kutscher, dessen Kutsche im Graben lag. »Was ist passiert?«, fragte Eulenspiegel. »Achsenbruch«, antwortete der Kutscher. »Ich sagte es Euch ja«, erklärte der Schelm schmunzelnd: »Wenn Ihr es langsam angeht, kommt Ihr weit schneller voran, als wenn Ihr meint, besonders schnell vorgehen zu müssen!«

Prolog Teil 1: Erster Kontakt

1P|01 B:[1] Hallo. Sie sind dabei, eine Reise anzufangen. Eine Reise in die italienische Sprache. Mit der richtigen Methode ist Lernen einfach und macht Spaß.

1P|02 M: Es genügt, unseren Anweisungen in der Broschüre zu folgen. Entspannen Sie sich, und fangen Sie langsam an. Beeilen Sie sich nicht. Niemand drängt Sie. Machen Sie in Ihrem Tempo. Sie werden das Wichtigste sofort merken:

1P|03 B: Sie werden sich mit jedem Satz, den Sie lernen, verbessern. Es macht Spaß …

1P|04 M: … und tut gut, weil Sie mehr Selbstvertrauen haben werden.

1P|05 B: Fangen wir mit Ihnen selbst an. Stellen Sie sich vor, Sie treffen eine Person zum ersten Mal.

1P|06 M: Was ist die erste Sache, die Sie anderen über sich selbst sagen wollen?

1P|07 B: Ich will den Leuten meinen Namen sagen. Und Sie?

1P|08 M: Ich auch. Fangen wir so an: Ich heiße Michele Mazzini.

1P|09 B: Freut mich, Sie kennenzulernen, Herr Mazzini.

1P|10 M: Ganz meinerseits. Und Sie, wie heißen Sie?

1P|11 B: Ich heiße Bianca, Bianca Cordari.

1P|12 M: Hallo, Frau Cordari. Habe ich das richtig gesagt?

1P|13 B: Ja. Es ist einfach; es genügt, an die zu denken, die Seile herstellen[2].

1P|14 M: Auch mein Name ist einfach. Es genügt, an Giuseppe Mazzini[3], eine der großen Persönlichkeiten des italienischen Resorgimento[4], zu denken.

Dekodierte Fassung

Prọlogo:	Prịmo[5]	contạtto
Prolog:	**Erster**	**Kontakt**

1P|01 B:

Sạlve.		Stạte	per	iniziạre	un	viạggio.	Un	viạggio	nẹlla
Hallo.	**Sie**	**stehen**	**bei**	**anfangen**	**eine[6]**	**Reise.**	**Eine**	**Reise**	**in_die**

lịngua	italiạna.	Imparạre	è	sẹmplice	e	divertẹnte	con	il
Sprache	**italienische.**	**Lernen**	**ist**	**einfach**	**und**	**vergnüglich**	**mit**	**der**

mẹtodo	giụsto.
Methode	**richtigen.**

---

1 Um Ihnen die Orientierung zu erleichtern, sind einander entsprechende Absätze im deutschen Text, in der dekodierten Fassung und in der italienischen Fassung jeweils mit gleichen Nummern versehen. Auf jede Nummer folgt der abgekürzte Name des/der jeweils Sprechenden („B“ für Bianca und „M“ für Michele).

2 „Cordari“ entspricht in etwa dem deutschen Nachnamen „Seiler“ (= Seilhersteller).

3 Giuseppe Mazzini (1805-1872) kämpfte Mitte des 19. Jahrhunderts publizistisch und in Aufständen für ein vereintes Italien.

4 „Risorgimento“ (Wiedererstehung) bezeichnet eine Phase im 19. Jahrhundert, in der Italien zu seiner staatlichen Einheit fand.

5 Um ein Gefühl für die Betonung des Italienischen zu vermitteln, ist in der Dekodierung bei mehrsilbigen italienischen Wörtern ohne Akzent der Vokal der betonten Silbe mit einem daruntergesetzten Punkt markiert.

6 Das grammatikalische Geschlecht des Italienischen wird in der Dekodierung nicht berücksichtigt.

1P|02 M: Bạsta seguịre le nọstre istruziọni sull’opụscolo.
Es genügt folgen den unseren Anweisungen in_der_Broschüre.

Rilassạte Vi e iniziạte lentamẹnte. Fạte
Entspannen Sie sich und anfangen Sie langsam. Machen Sie

con cọmodo. Non Vi insẹgue nessụno. Prendẹte il Vọstro pạsso.
ohne_Eile. Nicht Sie drängt niemand[7]. Nehmen Sie das Ihr Tempo.

Noterẹte sụbito la cọsa più importạnte:
Sie merken_werden sofort die Sache meist wichtige:

1P|03 B: Migliorerẹte con ọgni frạse che imparerẹte.
Sie sich verbessern_werden mit jedem Satz den Sie lernen_werden. Es

È divertẹnte …
ist vergnüglich …

1P|04 M: … e fa bẹne perché avrẹte più fidụcia in Vọi stẹssi.
… und tut gut weil Sie haben_werden mehr Vertrauen in sich selbst.

1P|05 B: Iniziạmo con Vọi stẹssi. Immaginạte di incontrạre ụna
Anfangen wir mit Ihnen selbst. Vorstellen Sie sich von treffen eine

persọna per la prịma vọlta.
Person für das erste Mal.

1P|06 M: Qual è la prịma cọsa di Vọi stẹssi che volẹte dịre
Welches ist die erste Sache von sich selbst die Sie wollen sagen

ạgli ạltri?
zu_den anderen?

1P|07 B: Ịo ạlla gẹnte vọglio dịre il mịo nọme. E Lẹi?
Ich zu_den Leuten will sagen den meinen[8] Namen. Und Sie?

1P|08 M: Anch’ịo. Iniziạmo così: Ịo mi chiạmo Michẹle Mazzịni.
Auch_ich. Anfangen wir[9] so: Ich mich nenne Michele Mazzini.

1P|09 B: Piacẹre di conọscerLa, signọr Mazzịni.
Freude von kennenlernen_Sie, Herr Mazzini.

---

7 Tauchen in einem italienischen Satz Wörter wie „nichts“, „niemand“, „nie“, „nirgendwo“, „kein“ usw. auf, so muss in diesem Satz häufig ein zusätzliches „nicht“ stehen. Im Italienischen verneint man also doppelt.

8 „Mein“, „dein“, „sein“ steht im Italienischen meist mit „der“, „die“, „das“. Es heißt also „der mein“, „die deine“, „das sein“.

9 Da die Endungen der Zeitwörter im Italienischen meist eindeutig sind, fehlen oft die Fürwörter (ich, du, er …). In der Dekodierung werden sie ergänzt.

1P|10 M: Il piacẹre è tụtto mịo. E Lẹi, cọme si chiạma?
Die Freude ist ganz meine. Und Sie, wie Sie sich nennen?

1P|11 B: Ịo mi chiạmo Biạnca. Biạnca Cordạri.
Ich mich nenne Bianca. Bianca Cordari.

1P|12 M: Sạlve, signọra Cordạri. Ho dẹtto bẹne?
Hallo, Frau Cordari. Habe ich gesagt gut?

1P|13 B: Sì. È sẹmplice, bạsta pensạre a quẹlli che fạbbricano la cọrda.
Ja. Es ist einfach, es genügt denken an jene die herstellen das Seil.

1P|14 M: Ạnche il mịo nọme è sẹmplice. Bạsta pensạre a Giusẹppe
Auch der mein Name ist einfach. Es genügt denken an Giuseppe

Mazzịni, ụno dẹi grạndi personạggi del Risorgimẹnto
Mazzini, eine von_den großen Persönlichkeiten von_dem Risorgimento

italiạno.
italienischen.

Italienische Fassung

Prologo: Primo contatto

1P|01 B: Salve. State per iniziare un viaggio. Un viaggio nella lingua italiana. Imparare è semplice e divertente con il metodo giusto.
1P|02 M: Basta seguire le nostre istruzioni sull'opuscolo. Rilassate Vi e iniziate lentamente. Fate con comodo. Non Vi insegue nessuno. Prendete il Vostro passo. Noterete subito la cosa più importante:
1P|03 B: Migliorerete con ogni frase che imparerete. È divertente …
1P|04 M: … e fa bene perché avrete più fiducia in Voi stessi.
1P|05 B: Iniziamo con Voi stessi. Immaginate di incontrare una persona per la prima volta.
1P|06 M: Qual è la prima cosa di Voi stessi che volete dire agli altri?
1P|07 B: Io alla gente voglio dire il mio nome. E Lei?
1P|08 M: Anch'io. Iniziamo così: Io mi chiamo Michele Mazzini.
1P|09 B: Piacere di conoscerLa, signor Mazzini.
1P|10 M: Il piacere è tutto mio. E Lei, come si chiama?
1P|11 B: Io mi chiamo Bianca. Bianca Cordari.
1P|12 M: Salve, signora Cordari. Ho detto bene?
1P|13 B: Sì. È semplice, basta pensare a quelli che fabbricano la corda.
1P|14 M: Anche il mio nome è semplice. Basta pensare a Giuseppe Mazzini, uno dei grandi personaggi del Risorgimento italiano.

Einheit 1: Habe ich Ihren Namen richtig verstanden?

01|01 B: Gestern traf ich Leute, die ich nicht kannte. Der Großteil ihrer Namen war einfach für mich, aber da war ein Herr, der Panajotis hieß. Jenen Namen fand ich ein bisschen schwierig.

01|02 M: Das ist ein griechischer Name. Ich bin sicher, dass Herr Panajotis unsere Namen am Anfang auch seltsam fand.

01|03 B: Stimmt. Wie kommt es, dass Sie seinen Namen so einfach fanden, Herr Mazzini?

01|04 M: Nun, zunächst weil ich vorher schon andere Griechen getroffen hatte und Panajotis in Griechenland ein üblicher Name ist. Dann weil ich immer Techniken zum Memorieren benutze, um mir neue Namen zu merken.

01|05 B: Ich auch. Zumindest versuche ich es. Aber ich muss zugeben, dass ich mit dem Namen Panajotis am Anfang Schwierigkeiten hatte.

01|06 M: Als ich jenen Namen zum ersten Mal hörte, dachte ich an den griechischen Gott Pan …

01|07 B: Ja klar! Pan, der Flöte spielt?

01|08 M: Genau! Und der letzte Teil, „jotis“, erinnerte mich an einen Jungen in meiner Nachbarschaft, der „Otis“ hieß.

01|09 B: Nun, wenn man einen Jungen mit Namen Otis kennt, werden die Dinge einfach.

01|10 M: Je mehr Namen man lernt, desto einfacher werden neue Namen.

01|11 B: Mit anderen Worten, wir verbessern uns mit jedem Namen, den wir lernen.

01|12 M: Sicher. Es wird immer einfacher.

01|13 B: Machen wir ein Spiel. Ich tue, als wäre ich meine Freundin …

01|14 M: … und ich tue, als wäre ich einer meiner Freunde.

01|15 B: Und wir treffen uns zum ersten Mal, sagen wir auf einer Party.

01|16 M: Guten Abend. Ich bin Carlo Petrolongo.

01|17 B: Hallo, Herr Petrolongo. Freut mich, Sie kennenzulernen. Mein Name ist Susanna Acquachiara.

01|18 M: Freut mich, Sie kennenzulernen, Frau Acquachiara. Habe ich Ihren Namen richtig verstanden?

01|19 B: Ja. „Acqua“ wie „Wasser“, das einen Fluss bildet, und „chiara“ wie „klar“, wenn es sauber ist.

Dekodierte Fassung

Unità	Ụno:	Ho		capịto	bẹne	il	Sụo	nọme?
Einheit	**Eins:**	**Habe**	**ich**	**verstanden**	**gut**	**den**	**Ihren**	**Namen?**

01|01 B:

Ịeri		ho	incontrạto	gẹnte	nuọva.	La	maggiọr	pạrte	dẹi
Gestern	**ich**	**habe**	**getroffen**	**Leute**	**neue.**	**Der**	**größte**	**Teil**	**von_den**

lọro	nọmi	ẹrano	sẹmplici	per	me,	ma	c'ẹra	un	signọre	che
ihren	**Namen**	**war**	**einfach**	**für**	**mich,**	**aber**	**da_war**	**ein**	**Herr**	**der**

si	chiamạva	Panajọtis.	Quel	nọme		l'ho	trovạto	un
sich	**nannte**	**Panajotis.**	**Jenen**	**Namen**	**ich**	**ihn_habe**	**gefunden**	**ein**

po'	diffịcile.
bisschen	**schwierig.**

01|02 M: È un nọme grẹco. Sọno cẹrto che ạnche il signọr
Das ist ein Name griechischer. Ich bin sicher dass auch der Herr

Panajọtis all'inịzio ha trovạto strạni i nọstri nọmi.
Panajotis an_dem_Anfang hat gefunden seltsam die unsere Namen.

01|03 B: È vẹro. Cọme mại Lẹi ha trovạto il sụo nọme così
Das ist wahr. Wie denn Sie haben gefunden den seinen Namen so

sẹmplice, signọr Mazzịni?
einfach, Herr Mazzini?

01|04 M: Beh, prịmo perché avẹvo già incontrạto ạltri grẹci prịma
Nun, zunächst weil ich hatte schon getroffen andere Griechen vorher

e Panajọtis in Grẹcia è un nọme comụne. Pọi perché
und Panajotis in Griechenland ist ein Name üblicher. Dann weil ich

ụso sẹmpre dẹlle tẹcniche di memorizzaziọne per ricordạrmi
benutze immer von_den Techniken von Memorierung für merken_mir

nọmi nuọvi.
Namen neue.

01|05 B: Anch'ịo. Almẹno ci prọvo. Ma dẹvo ammẹttere che
Auch_ich. Zumindest ich davon versuche. Aber ich muss zugeben dass

all'inịzio ho trovạto dẹlle difficoltà col
an_dem_Anfang ich habe gefunden von_den Schwierigkeiten mit_dem

nọme Panajọtis.
Namen Panajotis.

01|06 M: La prịma vọlta che ho sentịto quel nọme ho pensạto
Das erste Mal dass ich habe gehört jenen Namen ich habe gedacht

al dịo grẹco Pan …
an_den Gott griechischen Pan …

01|07 B: Ma cẹrto! Pan che sụona il flạuto?
Ja_klar! Pan der spielt die Flöte?

01|08 M: Esạtto! E la pạrte finạle, "jọtis", mi ricordạva un ragạzzo,
Genau! Und der Teil letzte, „jotis", mich erinnerte an einen Jungen,

mịo vicịno di cạsa che si chiamạva "Ọtis".
in meiner Nachbarschaft von Haus der sich nannte „Otis".

01|09 B: Beh, conọscere un ragạzzo di nọme Ọtis semplịfica le cọse.
Nun, kennen einen Jungen von Namen Otis vereinfacht die Dinge.

01|10 M: Più nọmi si impạrano, più sẹmplici vẹngono i
Je mehr Namen sich lernen, desto mehr einfach kommen die

nọmi nuọvi.
Namen neuen.

01|11 B: In ạltre parọle, migliorịamo con ọgni nọme che
In anderen Worten, wir uns verbessern mit jedem Namen den wir

imparịamo.
lernen.

01|12 M: Certamẹnte. Divẹnta sẹmpre più sẹmplice.
Sicher. Es wird immer mehr einfach.

01|13 B: Facciạmo un giọco. Ịo farò fịnta di ẹssere la mịa
Machen wir ein Spiel. Ich machen_werde Finte von sein die meine

amịca …
Freundin …

01|14 M: … E ịo fạccio fịnta di ẹssere un mịo amịco.
… Und ich mache Finte von sein ein mein Freund.

01|15 B: E ci incontrịamo per la prịma vọlta, diciạmo ad ụna fẹsta.
Und wir uns treffen für das erste Mal, sagen wir auf einer Party.

01|16 M: Buọna sẹra. Ịo sọno Cạrlo Petrolọngo.
Guten Abend. Ich bin Carlo Petrolongo.

01|17 B: Sạlve, signọr Petrolọngo. Piacẹre di fạre la Sụa conoscẹnza.
Hallo, Herr Petrolongo. Freude von machen die Ihre Bekanntschaft.

Il mịo nọme è Susạnna Acquachiạra.
Der mein Name ist Susanna Acquachiara.

01|18 M: Piacẹre di conọscerLa, signọra Acquachiạra. Ho capịto
Freude von kennenlernen_Sie, Frau Acquachiara. Habe ich verstanden

bẹne il sụo nọme?
gut den Ihren Namen?

01|19 B: Sì. "Ạcqua" cọme ciò che fọrma il fịume e "chiạra" quand'è pulịta.
Ja. „Wasser" wie das was bildet den Fluss und „klar" wenn_es_ist sauber.

Unità Uno: Ho capito bene il Suo nome?

01|01 B: Ieri ho incontrato gente nuova. La maggior parte dei loro nomi erano semplici per me, ma c'era un signore che si chiamava Panajotis. Quel nome l'ho trovato un po' difficile.

01|02 M: È un nome greco. Sono certo che anche il signor Panajotis all'inizio ha trovato strani i nostri nomi.

01|03 B: È vero. Come mai Lei ha trovato il suo nome così semplice, signor Mazzini?

01|04 M: Beh, primo perché avevo già incontrato altri greci prima e Panajotis in Grecia è un nome comune. Poi perché uso sempre delle tecniche di memorizzazione per ricordarmi nomi nuovi.

01|05 B: Anch'io. Almeno ci provo. Ma devo ammettere che all'inizio ho trovato delle difficoltà col nome Panajotis.

01|06 M: La prima volta che ho sentito quel nome ho pensato al dio greco Pan …

01|07 B: Ma certo! Pan che suona il flauto?

01|08 M: Esatto! E la parte finale, "jotis", mi ricordava un ragazzo, mio vicino di casa che si chiamava "Otis".

01|09 B: Beh, conoscere un ragazzo di nome Otis semplifica le cose.

01|10 M: Più nomi si imparano, più semplici vengono i nomi nuovi.

01|11 B: In altre parole, miglioriamo con ogni nome che impariamo.

01|12 M: Certamente. Diventa sempre più semplice.

01|13 B: Facciamo un gioco. Io farò finta di essere la mia amica …

01|14 M: … E io faccio finta di essere un mio amico.

01|15 B: E ci incontriamo per la prima volta, diciamo ad una festa.

01|16 M: Buona sera. Io sono Carlo Petrolongo.

01|17 B: Salve, signor Petrolongo. Piacere di fare la Sua conoscenza. Il mio nome è Susanna Acquachiara.

01|18 M: Piacere di conoscerLa, signora Acquachiara. Ho capito bene il suo nome?

01|19 B: Sì. "Acqua" come ciò che forma il fiume e "chiara" quand'è pulita.

Einheit 2: Namen sind wichtig

02|01 B: „Petrolongo“ schreibt sich wie der erste Teil von „Petroleum“ und „longo“ wie „lang“, (Gegenteil von kurz), stimmt’s?

02|02 M: Genau so. Sehen Sie, Namen sind einfach, wenn man ihnen genug Aufmerksamkeit widmet.

02|03 B: Nun, italienische Namen sind einfach für Italiener, und arabische Namen sind einfach für Araber.

02|04 M: Und arabische Namen sind auch für Sie einfach, wenn Sie viele Araber getroffen haben. Der dritte Ahmad oder Mahmud ist einfacher als der erste.

02|05 B: Weil es leichter wird, je mehr ähnliche Namen man lernt?

02|06 M: Genau! Ich hatte am Anfang Schwierigkeiten mit deutschen Namen.

02|07 B: Dasselbe gilt für Namen von Städten oder Ländern.

02|08 M: Es ist einfacher, Monaco zu sagen als München.

02|09 B: Im Allgemeinen denken wir nicht daran, aber viele Städte und Länder haben verschiedene Namen in verschiedenen Sprachen.

02|10 M: Ja. Engländer nennen München Munich.

02|11 B: Engländer würden Frau Cleanwater einfacher finden als Frau Acquachiara.

02|12 M: Und Deutsche würden Sie Frau Sauberwasser nennen!

02|13 B: Wenn man Namen die ganze Aufmerksamkeit widmet, wird es faszinierend.

02|14 M: Und viel einfacher zu lernen, wenn man es ernsthaft versucht.

Dekodierte Fassung

Unità Dụe: I nọmi sọno importạnti
Einheit Zwei: Die Namen sind wichtig

02|01 B: “Petrolọngo” si scrịve cọme la prịma pạrte di “petrọlio” e
„Petrolongo“ sich schreibt[10] wie der erste Teil von „Petroleum“ und

“lọngo” cọme “lụngo” (contrạrio di cọrto), vẹro?
„longo“ wie „lang“ (Gegenteil von kurz), wahr?

02|02 M: Prọprio così. Vẹde, i nọmi sọno sẹmplici, se si prẹsta la
Genau so. Sehen Sie, die Namen sind einfach, falls sich leiht die

dovụta attenziọne.
gebührende Aufmerksamkeit.

02|03 B: Beh, i nọmi italiạni sọno sẹmplici per gli italiạni e i
Nun, die Namen italienischen sind einfach für die Italiener und die

nọmi ạrabi sọno sẹmplici per gli ạrabi.
Namen arabischen sind einfach für die Araber.

02|04 M: E i nọmi ạrabi sọno sẹmplici ạnche per Lẹi se ha
Und die Namen arabischen sind einfach auch für Sie falls Sie haben

10 Anstatt „man geht“, „man tut“, „man schreibt“ sagt man im Italienischen oft „(es) sich geht“, „(es) sich tut“, „(es) sich schreibt“.

incontrạto mọlti ạrabi. Il tẹrzo Ạhmad od Mạhmud è più
getroffen viele Araber. Der dritte Ahmad oder Mahmud ist mehr

sẹmplice del prịmo.
einfach von_dem ersten.

02|05 B: Perché più nọmi sịmili si impạrano, più viẹne fạcile.
Weil je mehr Namen ähnliche sich lernen, desto mehr es kommt leicht.

02|06 M: Esạtto! Ịo all'inịzio avẹvo difficoltà con i nọmi tedẹschi.
Genau! Ich an_dem_Anfang hatte Schwierigkeiten mit den Namen deutschen.

02|07 B: Lo stẹsso vạle con i nọmi di città o naziọni.
Das‿ selbe gilt mit den Namen von Städten oder Ländern.

02|08 M: È più sẹmplice dịre Mọnaco che München.
Es ist mehr einfach sagen Monaco als München.

02|09 B: In gẹnere nọi non ci pensiạmo, ma mọlte città e
In dem Allgemeinen wir nicht daran denken, aber viele Städte und

naziọni hạnno nọmi divẹrsi in lịngue divẹrse.
Länder haben Namen verschiedene in Sprachen verschiedenen.

02|10 M: Sì. Gli inglẹsi Mọnaco la chiạmano Munich.
Ja. Die Engländer München es nennen Munich.

02|11 B: Gli inglẹsi troverẹbbero signọra Cleanwater più sẹmplice di
Die Engländer finden_würden Frau Cleanwater mehr einfach von

signọra Acquachiạra.
Frau Acquachiara.

02|12 M: E i tedẹschi La chiamerẹbbero Frau Sauberwasser!
Und die Deutschen Sie nennen_würden Frau Sauberwasser!

02|13 B: Se si prẹsta ại nọmi tụtta l'attenziọne pọi
Falls sich leiht zu_den Namen all die_Aufmerksamkeit dann es

divẹnta ụna cọsa affascinạnte.
wird eine Sache faszinierende.

02|14 M: E mọlto più sẹmplice da imparạre se ci si prọva sul sẹrio.
Und viel mehr einfach von lernen falls daran sich versucht ernsthaft.

Unità Due: I nomi sono importanti

02|01 B: "Petrolongo" si scrive come la prima parte di "petrolio" e "longo" come "lungo" (contrario di corto), vero?

02|02 M: Proprio così. Vede, i nomi sono semplici, se si presta la dovuta attenzione.

02|03 B: Beh, i nomi italiani sono semplici per gli italiani e i nomi arabi sono semplici per gli arabi.

02|04 M: E i nomi arabi sono semplici anche per Lei se ha incontrato molti arabi. Il terzo Ahmad od Mahmud è più semplice del primo.

02|05 B: Perché più nomi simili si imparano, più viene facile.

02|06 M: Esatto! Io all'inizio avevo difficoltà con i nomi tedeschi.

02|07 B: Lo stesso vale con i nomi di città o nazioni.

02|08 M: È più semplice dire Monaco che München.

02|09 B: In genere noi non ci pensiamo, ma molte città e nazioni hanno nomi diversi in lingue diverse.

02|10 M: Sì. Gli inglesi Monaco la chiamano Munich.

02|11 B: Gli inglesi troverebbero signora Cleanwater più semplice di signora Acquachiara.

02|12 M: E i tedeschi La chiamerebbero Frau Sauberwasser!

02|13 B: Se si presta ai nomi tutta l'attenzione poi diventa una cosa affascinante.

02|14 M: E molto più semplice da imparare se ci si prova sul serio.

Einheit 3: Bekanntschaft machen

03|01 B: Gut, wir sind uns über den ersten Schritt, wenn wir jemanden treffen, einig: Wir widmen seinem Namen unsere Aufmerksamkeit.

03|02 M: Wenn wir wollen, dass andere Personen an uns interessiert sind, müssen wir uns an ihnen interessiert zeigen. Ihre Namen zu lernen, ist ein guter Anfang.

03|03 B: Also, wenn uns niemand vorstellt, stellen wir uns selbst vor, indem wir sagen:

03|04 M: Mein Name ist Michele Mazzini. Oder: Ich bin Michele Mazzini.

03|05 B: Hallo, Herr Mazzini, freut mich, Sie kennenzulernen. Ich bin Bianca Cordari.

03|06 M: Freut mich, Sie kennenzulernen, Frau Cordari.

03|07 B: Warum nennen wir uns nicht beim Vornamen, Herr Mazzini?

03|08 M: Ja klar, ich bin Michele.

03|09 B: Und ich bin Bianca.

03|10 M: Gut, Bianca. Also, jetzt haben wir uns vorgestellt. Jeder hat den Namen der anderen Person gelernt. Was steht noch auf der Tagesordnung?

03|11 B: Ich glaube, dass wir dem anderen sagen wollen, wo wir wohnen.

03|12 M: Einverstanden. Ich bin aus Frascati.

03|13 B: Frascati? Wo liegt das?

03|14 M: Das ist eine kleine Stadt nahe Rom.

03|15 B: Oh, Rom. Eine wunderbare Stadt, aber ich habe gehört, dass da viel Verkehr ist.

03|16 M: Stimmt. Und Sie, Bianca, woher sind Sie?

03|17 B: Ich bin aus Mailand. Ich meine, ich lebe jetzt in Mailand.

03|18 M: Sie meinen, dass Sie dort nicht geboren sind?

03|19 B: Genau so. Ich bin in Cosenza geboren und habe einige Jahre in Pisa gelebt. Vergangenes Jahr bin ich dann nach Mailand gezogen.

Dekodierte Fassung

Unità	Tre:	Fạre	conoscẹnza
Einheit	**Drei:**	**Machen**	**Bekanntschaft**

03|01 B:

Bẹne,		siạmo	d'accọrdo	sul	prịmo	pạsso	quạndo		incontriạmo
Gut,	**wir**	**sind**	**einig**	**auf_den**	**ersten**	**Schritt**	**wenn**	**wir**	**treffen**

qualcụno:		prestiạmo	attenziọne	al	sụo	nọme.
jemanden:	**wir**	**leihen**	**Aufmerksamkeit**	**zu_dem**	**seinem**	**Namen.**

03|02 M:

Se		vogliạmo	che	le	ạltre	persọne	sịano	interessạte	a	nọi
Falls	**wir**	**wollen**	**dass**	**die**	**anderen**	**Personen**	**seien**	**interessiert**	**an**	**uns**

	dobbiạmo	mostrạrci	interessạti	a	lọro.	Imparạre	i	lọro	nọmi
wir	**müssen**	**zeigen_uns**	**interessiert**	**an**	**ihnen.**	**Lernen**	**die**	**ihre**	**Namen**

è	un	buọn	inịzio.
ist	**ein**	**guter**	**Anfang.**

03|03 B:

Così,	se	nessụno	ci	presẹnta		ci	presentiạmo	da	sọli	dicẹndo:
Also,	**falls**	**niemand**	**uns**	**vorstellt**	**wir**	**uns**	**vorstellen**	**von**	**selbst**	**sagend:**

03|04 M: Il mịo nọme è Michẹle Mazzịni. Oppụre, ịo sọno Michẹle Mazzịni.
Der mein Name ist Michele Mazzini. Oder, ich bin Michele Mazzini.

03|05 B: Sạlve, signọr Mazzịni, piacẹre di conọscerLa. Ịo sọno Bịanca Cordạri.
Hallo, Herr Mazzini, Freude von kennenlernen_Sie. Ich bin Bianca Cordari.

03|06 M: Piacẹre di conọscerLa, signọra Cordạri.
Freude von kennenlernen_Sie, Frau Cordari.

03|07 B: Signọr Mazzịni, perché non ci chiamiạmo per nọme?
Herr Mazzini, warum wir nicht uns nennen mit Vornamen?

03|08 M: Ma cẹrto, ịo sọno Michẹle.
Ja_klar, ich bin Michele.

03|09 B: E ịo sọno Bịanca.
Und ich bin Bianca.

03|10 M: Bẹne, Bịanca. Così ọra ci siạmo presentạti. Abbiạmo
Gut, Bianca. Also jetzt wir uns sind vorgestellt. Wir haben

imparạto ciascụno il nọme dell’ạltra persọna.
gelernt jeder den Namen von_der_anderen Person. Was für eine

Cos’ạltro c’è nell’agẹnda?
Sache_weitere da_ist an_der_Tagesordnung?

03|11 B: Crẹdo che desideriạmo dịre all’ạltro dọve abitiạmo.
Ich glaube dass wir wünschen sagen zu_dem_anderen wo wir wohnen.

03|12 M: Sọno d’accọrdo. Ịo sọno di Frascạti.
Ich bin einverstanden. Ich bin aus Frascati.

03|13 B: Frascạti? Dọve si trọva?
Frascati? Wo das sich befindet?

03|14 M: È ụna pịccola città vicịno a Rọma.
Das ist eine kleine Stadt nahe bei Rom.

03|15 B: Oh, Rọma. Ụna città meravigliọsa, ma ho sentịto dịre che
Oh, Rom. Eine Stadt wunderbare, aber ich habe gehört sagen dass

c’è mọlto trạffico.
da_ist viel Verkehr.

03|16 M: È vẹro. E Lẹi Bịanca, di dov’è?
Das ist wahr. Und Sie Bianca, von wo_sind Sie?

03|17 B: Ịo sọno di Milạno. Vọglio dịre, ọra vịvo a Milạno.
Ich bin aus Mailand. Ich will sagen, jetzt ich lebe in Mailand.

03|18 M: Vuọl dịre che non è nạta lì?
Sie wollen sagen dass Sie nicht sind geboren dort?

03|19 B: Prọprio così. Sọno nạta a Cosẹnza e ho vissụto per
Genau so. Ich bin geboren in Cosenza und ich habe gelebt für

alcụni ạnni a Pịsa. Pọi l'ạnno scọrso sọno andạta ad
einige Jahre in Pisa. Dann das_Jahr vergangene ich bin gegangen zu

abitạre a Milạno.
wohnen in Mailand.

Italienische Fassung

Unità Tre: Fare conoscenza

03|01 B: Bene, siamo d'accordo sul primo passo quando incontriamo qualcuno: prestiamo attenzione al suo nome.
03|02 M: Se vogliamo che le altre persone siano interessate a noi dobbiamo mostrarci interessati a loro. Imparare i loro nomi è un buon inizio.
03|03 B: Così, se nessuno ci presenta ci presentiamo da soli dicendo:
03|04 M: Il mio nome è Michele Mazzini. Oppure, io sono Michele Mazzini.
03|05 B: Salve, signor Mazzini, piacere di conoscerLa. Io sono Bianca Cordari.
03|06 M: Piacere di conoscerLa, signora Cordari.
03|07 B: Signor Mazzini, perché non ci chiamiamo per nome?
03|08 M: Ma certo, io sono Michele.
03|09 B: E io sono Bianca.
03|10 M: Bene, Bianca. Così ora ci siamo presentati. Abbiamo imparato ciascuno il nome dell'altra persona. Cos'altro c'è nell'agenda?
03|11 B: Credo che desideriamo dire all'altro dove abitiamo.
03|12 M: Sono d'accordo. Io sono di Frascati.
03|13 B: Frascati? Dove si trova?
03|14 M: È una piccola città vicino a Roma.
03|15 B: Oh, Roma. Una città meravigliosa, ma ho sentito dire che c'è molto traffico.
03|16 M: È vero. E Lei Bianca, di dov'è?
03|17 B: Io sono di Milano. Voglio dire, ora vivo a Milano.
03|18 M: Vuol dire che non è nata lì?
03|19 B: Proprio così. Sono nata a Cosenza e ho vissuto per alcuni anni a Pisa. Poi l'anno scorso sono andata ad abitare a Milano.

Einheit 4: Wo wohnen Sie?

04|01 M: Das ist interessant. Heute ziehen die Leute viel mehr um, nicht wahr?

04|02 B: Ja, das glaube ich auch. Keiner meiner Arbeitskollegen ist in Mailand geboren. Wir sind alle hingezogen, einige als Jugendliche, andere erst vor kurzem.

04|03 M: Wissen Sie, was mir mein Freund Panajotis einmal erzählt hat. Er ist in Deutschland geboren, weil seine Eltern damals dort wohnten. Dann sind sie nach Griechenland zurückgekehrt, und er besuchte das Gymnasium in Athen. Danach sind sie alle nach Amerika gezogen.

04|04 B: Nordamerika oder Südamerika?

04|05 M: Nordamerika, die Vereinigten Staaten, um genau zu sein.

04|06 B: Also hat er in den USA die Highschool besucht?

04|07 M: Ja. Aber dann kam er nach Italien, um an einer Universität zu studieren. Und dort haben wir uns getroffen.

04|08 B: Wirklich das globale Dorf.

04|09 M: Sind Sie jemals im Ausland gewesen, Bianca?

04|10 B: Nun, ein Urlaub in Ägypten und ein Sommer in Deutschland. Das war ein Austauschprogramm für Studenten. Und noch ein Urlaub in der italienischen Kolonie in Spanien.

04|11 M: Die italienische Kolonie?

04|12 B: Nun, mein Vater hat sie immer so genannt. Weil man im Sommer in gewissen Teilen Spaniens mehr Italiener als Spanier findet.

04|13 M: Ah, ich verstehe.

Dekodierte Fassung

Unità Quạttro: Dọve ạbita?
Einheit Vier: Wo wohnen Sie?

04|01 M: È interessạnte. Ọggi la gẹnte si spọsta mọlto di più, vẹro?
Das ist interessant. Heute die Leute sich umziehen viel von mehr, wahr?

04|02 B: Sì, lo crẹdo anch'ịo. Nessụno dẹi mịei collẹghi di lavọro
Ja, es glaube auch_ich. Niemand von_den meinen Kollegen von Arbeit

è nạto a Milạno. Tụtti ci sịamo trasferịti lì, alcụni
ist geboren in Mailand. Alle wir uns sind übersiedelt dorthin, einige

durạnte l'adolescẹnza, ạltri più di recẹnte.
während der_Jugend, andere mehr von kürzlich.

04|03 M: Sa cọsa mi ha dẹtto ụna vọlta il mịo
Wissen Sie, was für eine Sache mir hat gesagt ein Mal der mein

amịco Panajọtis. Lụi è nạto in Germạnia perché i suọi
Freund Panajotis. Er ist geboren in Deutschland weil die seine

genitọri allọra abitạvano lì. Pọi sọno ritornạti in
Eltern damals wohnten dort. Dann sie sind zurückgekehrt nach

Grẹcia e ha frequentạto il ginnạsio[11] ad Atẹne. Dọpo
Griechenland und er hat besucht das Gymnasium in Athen. Danach

si sọno trasferịti tụtti in Amẹrica.
sie sich sind übersiedelt alle nach Amerika.

04|04 B: Amẹrica del nord o Amẹrica del sud?
Amerika von_dem Norden oder Amerika von_dem Süden?

04|05 M: Amẹrica del nord, gli Stạti Unịti per ẹssere precịsi.
Amerika von_dem Norden, die Staaten Vereinigten für sein genau.

04|06 B: Così ha frequentạto il licẹo nẹgli USA?
Also er hat besucht die Highschool in_den USA?

04|07 M: Sì. Ma pọi è venụto in Itạlia per studiạre
Ja. Aber dann er ist gekommen nach Italien für studieren

all'università. Infạtti è lì che ci siạmo incontrạti.
an_der_Universität. Denn es ist dort dass wir uns sind getroffen.

04|08 B: Prọprio il villạggio globạle.
Wirklich das Dorf globale.

04|09 M: È mại stạta all'ẹstero, Biạnca?
Sind Sie jemals gewesen in_dem_Ausland, Bianca?

04|10 B: Beh, in vacạnza in Egịtto ed un'estạte in Germạnia. Ẹra
Nun, in Urlaub in Ägypten und ein_Sommer in Deutschland. Das war

un progrạmma di scạmbio studentẹsco. E un'ạltra vacạnza
ein Programm von Austausch studentischem. Und ein_weiterer Urlaub

nẹlla colọnia italiạna in Spạgna.
in_der Kolonie italienischen in Spanien.

04|11 M: La colọnia italiạna?
Die Kolonie italienische?

04|12 B: Beh, mịo pạdre l'ha sẹmpre chiamạta così. Perché d'estạte in
Nun, mein Vater sie_hat immer genannt so. Weil von_Sommer in

cẹrte pạrti dẹlla Spạgna ci trọvi più italiạni che spagnọli!
gewissen Teilen von_dem Spanien du da findest mehr Italiener als Spanier!

04|13 M: Ah, capịsco.
Ah, ich verstehe.

11 Der Begriff „ginnasio“ bezeichnet im italienischen Schulsystem die ersten beiden Schuljahre des Gymnasiums.

Italienische Fassung

Unità Quattro: Dove abita?

04|01 M: È interessante. Oggi la gente si sposta molto di più, vero?

04|02 B: Sì, lo credo anch'io. Nessuno dei miei colleghi di lavoro è nato a Milano. Tutti ci siamo trasferiti lì, alcuni durante l'adolescenza, altri più di recente.

04|03 M: Sa cosa mi ha detto una volta il mio amico Panajotis. Lui è nato in Germania perché i suoi genitori allora abitavano lì. Poi sono ritornati in Grecia e ha frequentato il ginnasio ad Atene. Dopo si sono trasferiti tutti in America.

04|04 B: America del nord o America del sud?

04|05 M: America del nord, gli Stati Uniti per essere precisi.

04|06 B: Così ha frequentato il liceo negli USA?

04|07 M: Sì. Ma poi è venuto in Italia per studiare all'università. Infatti è lì che ci siamo incontrati.

04|08 B: Proprio il villaggio globale.

04|09 M: È mai stata all'estero, Bianca?

04|10 B: Beh, in vacanza in Egitto ed un'estate in Germania. Era un programma di scambio studentesco. E un'altra vacanza nella colonia italiana in Spagna.

04|11 M: La colonia italiana?

04|12 B: Beh, mio padre l'ha sempre chiamata così. Perché d'estate in certe parti della Spagna ci trovi più italiani che spagnoli!

04|13 M: Ah, capisco.

Einheit 5: Wie geht es Ihnen?

05|01 B: Also, rekapitulieren wir: Zuerst finden wir die Namen der Personen heraus, die wir treffen, anschließend sagen wir uns, wo wir wohnen.

05|02 M: Nun, zwischen diesen zwei Schritten könnten wir noch etwas sagen, das wir noch nicht erwähnt haben.

05|03 B: Ich weiß, was Sie meinen. Wir könnten fragen: „Wie geht es Ihnen?“

05|04 M: Oder „Wie geht es?“

05|05 B: Versuchen wir es!

05|06 M: Guten Tag, ich bin Michele Mazzini.

05|07 B: Hallo, Herr Mazzini. Wie geht es Ihnen?

05|08 M: Gut, und Ihnen?

05|09 B: Gut, danke. Mein Name ist Bianca Cordari.

05|10 M: Freut mich, Sie kennenzulernen, Fräulein Cordari … oder Frau Cordari?

05|11 B: Nein, Fräulein Cordari. Freut mich auch, Herr Mazzini.

05|12 M: Wissen Sie, die Frage „Wie geht es Ihnen?“ oder „Wie geht es?“ hat mich immer ein bisschen gestört.

05|13 B: Weil niemand sagen soll, wie er sich wirklich fühlt?

05|14 M: Genau. Man soll sagen „Gut, danke, und Ihnen?“, unabhängig davon, wie man sich an jenem Tag wirklich fühlt.

05|15 B: Vielleicht ist dies der Grund dafür, dass die meisten Jugendlichen diese Frage nicht mehr automatisch stellen.

05|16 M: Gut möglich, Bianca. Aber wenn eine andere Person die Frage stellt, ist es besser, einfach „Gut, und Ihnen?“ zu sagen, meinen Sie nicht?

05|17 B: Ja, einverstanden, Michele.

05|18 M: In Ordnung, rekapitulieren wir noch einmal: Zuerst finden wir den Namen der Personen heraus, die wir treffen. Wir können fragen „Wie geht es Ihnen?“ oder einfach antworten „Gut, danke, und Ihnen?“, richtig? Dann sagen wir einander, wo wir wohnen oder wo wir geboren sind. Dies ist der zweite Schritt. Welcher ist der dritte Schritt, Bianca?

Dekodierte Fassung

Unità Cịnque: Cọme sta?
Einheit Fünf: Wie stehen Sie?

05|01 B: Allọra, ricapitoliạmo: prịma scopriạmo i nọmi dẹlle
Also, rekapitulieren wir: zuerst wir herausfinden die Namen von_den

persọne che incontriạmo, successivamẹnte ci diciạmo dọve abitiạmo.
Personen die wir treffen, anschließend wir uns sagen wo wir wohnen.

05|02 M: Ebbẹne, fra quẹsti dụe pạssi potrẹmmo dịre
Nun, zwischen diesen zwei Schritten wir könnten sagen

qualcos’ạltro che non abbiạmo menzionạto ancọra.
etwas_anderes das wir nicht haben erwähnt noch.

05|03 B: So cọsa vuọl dịre. Potrẹmmo chiẹdere
Ich weiß was für eine Sache Sie wollen sagen. Wir könnten fragen

“Cọme sta?”.
„Wie stehen Sie?“.

05|04 M: Oppụre “Cọme va?”.
Oder „Wie geht es?“.

05|05 B: Proviạmo!
Versuchen wir!

05|06 M: Buọn giọrno, ịo sọno Michẹle Mazzịni.
Guten Tag, ich bin Michele Mazzini.

05|07 B: Sạlve, signọr Mazzịni. Cọme sta?
Hallo, Herr Mazzini. Wie stehen Sie?

05|08 M: Bẹne, e Lẹi?
Gut, und Sie?

05|09 B: Bẹne, grạzie. Il mịo nọme è Bịanca Cordạri.
Gut, danke. Der mein Name ist Bianca Cordari.

05|10 M: Piacẹre di conọscerLa, signorịna Cordạri ... o signọra Cordạri?
Freude von kennenlernen_Sie, Fräulein Cordari ... oder Frau Cordari?

05|11 B: No, signorịna Cordạri. Il piacẹre è ạnche mịo, signọr Mazzịni.
Nein, Fräulein Cordari. Die Freude ist auch meine, Herr Mazzini.

05|12 M: Sa, la domạnda “Cọme sta?” o “Cọme va?”
Wissen Sie, die Frage „Wie stehen Sie?“ oder „Wie geht es?“

mi ha sẹmpre preoccupạto un po’.
mich hat immer gestört ein bisschen.

05|13 B: Perché nessụno è tenụto a dịre cọme si sẹnte realmẹnte?
Weil niemand ist gehalten zu sagen wie er sich fühlt wirklich?

05|14 M: Esạtto. Si è tenụti a dịre “Bẹne, grạzie, e Lẹi?”,
Genau. Sich ist gehalten zu sagen „Gut, danke, und Sie?“,

indipendentemẹnte da cọme ci si sẹnte davvẹro quel giọrno.
unabhängig da‿ von wie man da sich fühlt wirklich jenen Tag.

05|15 B: Fọrse è per quẹsto motịvo che i più giọvani non
Vielleicht es ist für diesen Grund dass die meisten Jugendlichen nicht

fạnno più quẹsta domạnda automaticamẹnte.
machen mehr diese Frage automatisch.

05|16 M: È probạbile, Biạnca. Ma se l'ạltra persọna pọne la
Das ist wahrscheinlich, Bianca. Aber falls die_andere Person stellt die

domạnda è mẹglio dịre semplicemẹnte "Bẹne, e Lẹi?", non
Frage es ist besser sagen einfach „Gut, und Sie?", nicht

crẹde?
glauben Sie?

05|17 B: Sì, sọno d'accọrdo, Michẹle.
Ja, ich bin einverstanden, Michele.

05|18 M: Va bẹne, ricapitoliạmo ancọra ụna vọlta: prịmo conọscere
Es geht gut, rekapitulieren wir noch ein Mal: zuerst herausfinden

il nọme dẹlle persọne che incontriạmo. Possiạmo
den Namen von_den Personen die wir treffen. Wir können

chiẹdere "Cọme sta?" o rispọndere semplicemẹnte "Bẹne, grạzie,
fragen „Wie stehen Sie?" oder antworten einfach „Gut, danke,

e Lẹi?", giụsto? Pọi ci diciạmo dọve abitiạmo o dọve
und Sie?", richtig? Dann wir uns sagen wo wir wohnen oder wo

siạmo nạti. Quẹsto è il secọndo pạsso. Qual è il
wir sind geboren. Dies ist der zweite Schritt. Welcher ist der

tẹrzo pạsso, Biạnca?
dritte Schritt, Bianca?

Italienische Fassung

Unità Cinque: Come sta?

05|01 B: Allora, ricapitoliamo: prima scopriamo i nomi delle persone che incontriamo, successivamente ci diciamo dove abitiamo.
05|02 M: Ebbene, fra questi due passi potremmo dire qualcos'altro che non abbiamo menzionato ancora.
05|03 B: So cosa vuol dire. Potremmo chiedere "Come sta?".
05|04 M: Oppure "Come va?".
05|05 B: Proviamo!
05|06 M: Buon giorno, io sono Michele Mazzini.
05|07 B: Salve, signor Mazzini. Come sta?
05|08 M: Bene, e Lei?
05|09 B: Bene, grazie. Il mio nome è Bianca Cordari.
05|10 M: Piacere di conoscerLa, signorina Cordari … o signora Cordari?
05|11 B: No, signorina Cordari. Il piacere è anche mio, signor Mazzini.
05|12 M: Sa, la domanda "Come sta?" o "Come va?" mi ha sempre preoccupato un po'.
05|13 B: Perché nessuno è tenuto a dire come si sente realmente?

05|14 M: Esatto. Si è tenuti a dire "Bene, grazie, e Lei?", indipendentemente da come ci si sente davvero quel giorno.

05|15 B: Forse è per questo motivo che i più giovani non fanno più questa domanda automaticamente.

05|16 M: È probabile, Bianca. Ma se l'altra persona pone la domanda è meglio dire semplicemente "Bene, e Lei?", non crede?

05|17 B: Sì, sono d'accordo, Michele.

05|18 M: Va bene, ricapitoliamo ancora una volta: primo conoscere il nome delle persone che incontriamo. Possiamo chiedere "Come sta?" o rispondere semplicemente "Bene, grazie, e Lei?", giusto? Poi ci diciamo dove abitiamo o dove siamo nati. Questo è il secondo passo. Qual è il terzo passo, Bianca?

Einheit 6: Was machen Sie?

06|01 B: Ich würde gerne mehr über Sie wissen, Michele. Sagen Sie, was machen Sie?

06|02 M: An diesem Punkt könnte ich Ihnen sagen, dass ich in einem Büro arbeite oder dass ich der Generaldirektor von Olivetti bin oder dass ich Lehrer, Taxifahrer, Kellner, Metzger oder sonst was bin.

06|03 B: Sicher, Sie könnten mir eines dieser Dinge sagen. Aber was machen Sie wirklich, Michele? Was ist Ihr Beruf?

06|04 M: Nehmen Sie an, dass ich arbeitslos wäre. Was sollte ich Ihnen dann sagen?

06|05 B: Sind Sie es wirklich?

06|06 M: Nein, aber einer meiner Freunde ist es. Vor zwei Monaten wurden in seiner Firma 500 Personen entlassen. Und so ist er zurzeit arbeitslos. Das bedeutet nicht, dass er nicht arbeitet. Er nutzt seine Zeit! Jeden Morgen verbringt er ein paar Stunden in der Stadtbibliothek, um die Art von Büchern zu lesen, die er nicht kaufen kann. Außerdem lernt er gerade Japanisch und frischt Französisch und Englisch auf.

06|07 B: Gut. Sprachliche Fähigkeiten sind der Schlüssel für die Zukunft!

06|08 M: Das denke ich auch. Und jetzt denkt er gerade darüber nach, sich für einen Computerkurs einzuschreiben, den der Staat anbietet, weil er fit für die Zukunft sein will.

06|09 B: Das muss schön sein. Ich kenne einige Arbeitslose, die nichts tun und sich beklagen oder depressiv werden, anstatt ihre Zeit zu nutzen, wie das Ihr Freund macht, Michele.

06|10 M: Den Leuten muss klar werden, dass Arbeit mehr als eine Tätigkeit ist, für die man bezahlt wird. Und dies wird besonders in Zukunft gelten, wenn Personen in immer größerer Zahl zumindest einen Teil ihres Lebens ohne Arbeit sein werden!

06|11 B: Stimmt. Aber kommen wir zu Ihnen zurück. Was machen Sie?

06|12 M: Ich bin einer, den man Geschäftsmann nennen kann. Mein Geschäft sind Kontakte, mit anderen Worten, ich unterstütze Leute dabei, andere Leute zu finden, mit denen sie möglicherweise Geschäfte machen wollen. Unsere Firma arbeitet in gewissem Sinne wie eine Geschäftsmesse. Nur dass diese Messe nicht an einem bestimmten Ort stattfindet und das ganze Jahr geöffnet ist.

06|13 B: Klingt faszinierend.

Dekodierte Fassung

Unità Sẹi: Cọsa fa?
Einheit Sechs: Was für eine Sache machen Sie?

06|01 B: Mi piacerẹbbe sapẹre più cọse di Lẹi, Michẹle. Mi
Es mir gefallen_würde wissen mehr Sachen von Ihnen, Michele. Mir

dịca, cọsa fa?
sagen Sie, was für eine Sache machen Sie?

06|02 M: A quẹsto pụnto ịo potrẹi dịrLe che lavọro in un
An diesem Punkt ich könnte sagen_Ihnen dass ich arbeite in einem

uffịcio, o che sọno il direttọre generạle dell'Olivẹtti, o
Büro, oder dass ich bin der Generaldirektor von_dem_Olivetti, oder

che sọno un insegnạnte, un tassịsta, un camerịẹre, un
dass ich bin ein Lehrer, ein Taxifahrer, ein Kellner, ein

macellạio, o che so ịo.
Metzger, oder was weiß ich.

06|03 B: Cẹrto, potrẹbbe dịrmi ụna di quẹste cọse. Ma
Sicher, Sie könnten sagen_mir eines von diesen Dingen. Aber was für

cọsa fa veramẹnte, Michẹle? Qual è la Sụa professiọne?
eine Sache machen Sie wirklich, Michele? Welches ist der Ihr Beruf?

06|04 M: Suppọnga che ịo sịa disoccupạto. Cọsa dovrẹi
Annehmen Sie dass ich sei arbeitslos. Was für eine Sache ich sollte

dịrLe, allọra?
sagen_Ihnen, dann?

06|05 B: Lo è davvẹro?
Es sind Sie wirklich?

06|06 M: No. Ma un mịo amịco lo è. Dụe mẹsi fa nẹlla sụa
Nein. Aber ein mein Freund es ist. Zwei Monate her in_der seiner

dịtta sọno stạte licenziạte 500 persọne. E così per ọra lụi è
Firma sind gewesen entlassen 500 Personen. Und so zurzeit er ist

disoccupạto. Ciò non signịfica che lụi non lavọri. Lụi sfrụtta il
arbeitslos. Das nicht bedeutet dass er nicht arbeitet. Er nutzt die

sụo tẹmpo! Tụtte le mattịne pạssa un pạio d'ọre
seine Zeit! All die Morgen er verbringt ein paar von_Stunden

nẹlla bibliotẹca comunạle a lẹggere il gẹnere di lịbri che
in_der Stadtbibliothek zu lesen die Art von Büchern die er

non può comprạre. Inọltre sta imparạndo il giapponẹse e
nicht kann kaufen. Außerdem er steht lernend das Japanische und

rinfrẹsca il francẹse e l'inglẹse.
auffrischt das Französische und das_Englische.

06|07 B: Bẹne. Le capacità linguịstiche sọno la chiạve per il futụro!
Gut. Die Fähigkeiten sprachlichen sind der Schlüssel für die Zukunft!

06|08 M: È quẹllo che pẹnso anch'ịo. Ed ọra sta pensạndo di
Es ist jenes das denke auch_ich. Und jetzt er steht nachdenkend von

iscrịversi ad un cọrso di compụter offẹrto dạllo
einschreiben_sich zu einem Kurs von Computer angeboten von_dem

Stạto perché vuọle ẹssere in fọrma per il futụro.
Staat weil er will sein fit für die Zukunft.

06|09 B: Dev'ẹssere bẹllo. Conọsco alcụni disoccupạti che stạnno sẹnza
Das muss_sein schön. Ich kenne einige Arbeitslose die stehen ohne

far nụlla e si lamẹntano o si deprịmono anziché sfruttạre
tun nichts und sich beklagen oder sich deprimieren anstatt nutzen

il lọro tẹmpo cọme fa il Sụo amịco, Michẹle.
die ihre Zeit wie macht der Ihr Freund, Michele.

06|10 M: La gẹnte dẹve rẹndersi cọnto che il lavọro è più
Die Leute müssen verschaffen_sich Klarheit dass die Arbeit ist mehr

che un'attività per la quạle si viẹne pagạti. E quẹsto
als eine_Tätigkeit für die welche sich kommt bezahlt. Und dies

sarà vẹro specialmẹnte in futụro quạndo un nụmero sẹmpre
sein_wird wahr besonders in Zukunft wenn eine Zahl immer

maggiọre di persọne sarạnno sẹnza lavọro almẹno per ụna pạrte
größere von Personen sein_wird ohne Arbeit zumindest für einen Teil

dẹlla lọro vịta!
von_dem ihrem Leben!

06|11 B: È vẹro. Ma torniạmo a Lẹi. Lẹi
Das ist wahr. Aber wenden wir uns zu Ihnen. Sie was für eine

cọsa fa?
Sache machen?

06|12 M: Sọno quẹllo che si può chiamạre un uọmo d'affạri. I
Ich bin jener der sich kann nennen ein Mann von_Geschäften. Die

miẹi affạri sọno i contạtti, in ạltre parọle, ịo aiụto
meine Geschäfte sind die Kontakte, in anderen Worten, ich unterstütze

la gẹnte a trovạre ạltra gẹnte con la quạle vorrẹbbe
die Leute zu finden andere Leute mit den welchen sie wollen_würden

fạre affạri. La nọstra dịtta in un cẹrto sẹnso lavọra
machen Geschäfte. Die unsere Firma in einem gewissen Sinne arbeitet

cọme ụna fiẹra dẹgli affạri. Sọlo che quẹsta fiẹra non ha
wie eine Messe von_den Geschäften. Nur dass diese Messe nicht hat

luọgo in un pọsto determinạto ed è apẹrta tụtto l'ạnno.
Stätte an einem Ort bestimmten und ist geöffnet all das_Jahr.

06|13 B: Sẹmbra affascinạnte.
Das scheint faszinierend.

Italienische Fassung

Unità Sei: Cosa fa?

06|01 B: Mi piacerebbe sapere più cose di Lei, Michele. Mi dica, cosa fa?

06|02 M: A questo punto io potrei dirLe che lavoro in un ufficio, o che sono il direttore generale dell'Olivetti, o che sono un insegnante, un tassista, un cameriere, un macellaio, o che so io.

06|03 B: Certo, potrebbe dirmi una di queste cose. Ma cosa fa veramente, Michele? Qual è la Sua professione?

06|04 M: Supponga che io sia disoccupato. Cosa dovrei dirLe, allora?

06|05 B: Lo è davvero?

06|06 M: No. Ma un mio amico lo è. Due mesi fa nella sua ditta sono state licenziate 500 persone. E così per ora lui è disoccupato. Ciò non significa che lui non lavori. Lui sfrutta il suo tempo! Tutte le mattine passa un paio d'ore nella biblioteca comunale a leggere il genere di libri che non può comprare. Inoltre sta imparando il giapponese e rinfresca il francese e l'inglese.

06|07 B: Bene. Le capacità linguistiche sono la chiave per il futuro!

06|08 M: È quello che penso anch'io. Ed ora sta pensando di iscriversi ad un corso di computer offerto dallo Stato perché vuole essere in forma per il futuro.

06|09 B: Dev'essere bello. Conosco alcuni disoccupati che stanno senza far nulla e si lamentano o si deprimono anziché sfruttare il loro tempo come fa il Suo amico, Michele.

06|10 M: La gente deve rendersi conto che il lavoro è più che un'attività per la quale si viene pagati. E questo sarà vero specialmente in futuro quando un numero sempre maggiore di persone saranno senza lavoro almeno per una parte della loro vita!

06|11 B: È vero. Ma torniamo a Lei. Lei cosa fa?

06|12 M: Sono quello che si può chiamare un uomo d'affari. I miei affari sono i contatti, in altre parole, io aiuto la gente a trovare altra gente con la quale vorrebbe fare affari. La nostra ditta in un certo senso lavora come una fiera degli affari. Solo che questa fiera non ha luogo in un posto determinato ed è aperta tutto l'anno.

06|13 B: Sembra affascinante.

Einheit 7: Und Sie, was machen Sie?

07|01 M: Und Sie? Vorhin sprachen Sie von Kollegen, also müssen Sie Arbeit haben. Was machen Sie, Bianca?

07|02 B: Ich bin Verkäuferin.

07|03 M: Ah, und was verkaufen Sie?

07|04 B: Raten Sie! Was denken Sie?

07|05 M: Nun, es könnte fast alles sein … Sie könnten Bücher verkaufen oder Kleider oder Kosmetika …

07|06 B: Nein. Nichts von all dem. Versuchen Sie es noch einmal!

07|07 M: Aber, ich weiß nicht. Arbeiten Sie in einem Laden, oder suchen Sie Kunden zu Hause oder in ihrem Büro auf?

07|08 B: Unsere Kunden kommen in den Laden.

07|09 M: Ist es ein kleiner Laden oder ein großes Warenhaus?

07|10 B: Ein ziemlich großes Warenhaus mit einem sehr großen Ausstellungsraum.

07|11 M: Ist auch das Produkt, das Sie verkaufen, groß?

07|12 B: Genau. Eigentlich sind es einige Quadratmeter.

07|13 M: Oh, ich gebe auf. Was verkaufen Sie, Bianca?

07|14 B: Vorhänge und Teppiche.

07|15 M: Oh!

07|16 B: Ist Ihnen etwas eingefallen? Was beschäftigt Sie, Michele?

07|17 M: Wissen Sie, ich habe gerade an eine Sendung gedacht, die ich im Fernsehen über Kinder gesehen habe, die in der Dritten Welt mehr oder weniger gezwungen werden, Teppiche herzustellen …

07|18 B: Ich weiß, was Sie meinen. Nun, ich kann Ihnen versichern: Unsere Teppiche sind nur Imitationen.

07|19 M: Zum Glück.

07|20 B: Das sage ich auch.

Dekodierte Fassung

Unità Sẹtte: E Lẹi, cọsa fa?
Einheit Sieben: Und Sie, was für eine Sache machen Sie?

07|01 M: E Lẹi? Prịma ha parlạto di collẹghi, così dẹve
Und Sie? Vorhin Sie haben gesprochen von Kollegen, also Sie müssen

avẹre un lavọro. Cọsa fa, Bịanca?
haben eine Arbeit. Was für eine Sache machen Sie, Bianca?

07|02 B: Sọno ụna commerciạnte.
Ich bin eine Verkäuferin.

07|03 M: Ah, e cọsa vẹnde?
Ah, und was für eine Sache verkaufen Sie?

07|04 B: Indovịni! Cọsa pẹnsa?
Raten Sie! Was für eine Sache Sie denken?

07|05 M: Beh, potrẹbbe ẹssere quạsi tụtto … potrẹbbe vẹndere lịbri,
Nun, es könnte sein fast alles … Sie könnten verkaufen Bücher,

ạbiti o cosmẹtici …
Kleider oder Kosmetika …

07|06 B: No. Nụlla di tụtto quẹsto. Prọvi un'ạltra vọlta!
Nein. Nichts von all diesem. Versuchen Sie ein_weiteres Mal!

07|07 M: Ma, non so. Lavọra in un negọzio o va
Aber, ich nicht weiß. Arbeiten Sie in einem Laden oder gehen Sie

a trovạre i clịenti a cạsa o nel lọro uffịcio?
zu aufsuchen die Kunden zu Hause oder in_dem ihrem Büro?

07|08 B: I nọstri clịenti vẹngono in negọzio.
Die unsere Kunden kommen in den Laden.

07|09 M: È un pịccolo negọzio o un grạnde magazzịno?
Ist es ein kleiner Laden oder ein großes Warenhaus?

07|10 B: Un magazzịno abbastạnza grạnde con ụna grandịssima
Ein Warenhaus ziemlich großes mit einem sehr_großen

sạla esposiziọni.
Ausstellungsraum.

07|11 M: È grạnde ạnche il prodọtto che vẹnde?
Ist groß auch das Produkt das Sie verkaufen?

07|12 B: Esạtto. A dịre il vẹro si trạtta di divẹrsi mẹtri quadrạti.
Genau. Eigentlich es sich handelt von einigen Metern quadratischen.

07|13 M: Oh, mi arrẹndo. Cọsa vẹnde, Bịanca?
Oh, ich mich aufgebe. Was für eine Sache Sie verkaufen, Bianca?

07|14 B: Tẹnde e tappẹti.
Vorhänge und Teppiche.

07|15 M: Oh!
Oh!

07|16 B: Le è succẹsso qualcọsa? Che Le prẹnde, Michẹle?
Ihnen ist eingefallen etwas? Was Sie beschäftigt, Michele?

07|17 M: Sa, stạvo pensạndo ad un servịzio che ho vịsto
Wissen Sie, ich stand denkend an eine Sendung die ich habe gesehen

in televisiọne, su bambịni che nel tẹrzo mọndo sọno più
in dem Fernsehen, über Kinder die in_der Dritten Welt sind mehr

o meno costrẹtti a fạre tappẹti …
oder weniger gezwungen zu machen Teppiche …

07|18 B: So cọsa vuọl dịre. Beh, pọsso
Ich weiß was für eine Sache Sie wollen sagen. Nun, ich kann

rassicurạrLa: i nọstri tappẹti sọno sọlo imitaziọni.
versichern_Ihnen: die unsere Teppiche sind nur Imitationen.

07|19 M: Mẹno mạle.
Zum_Glück.

07|20 B: Lo dịco anch'ịo.
Das sage auch_ich.

Italienische Fassung

Unità Sette: E Lei, cosa fa?

07|01 M: E Lei? Prima ha parlato di colleghi, così deve avere un lavoro. Cosa fa, Bianca?
07|02 B: Sono una commerciante.
07|03 M: Ah, e cosa vende?
07|04 B: Indovini! Cosa pensa?
07|05 M: Beh, potrebbe essere quasi tutto … potrebbe vendere libri, abiti o cosmetici …
07|06 B: No. Nulla di tutto questo. Provi un'altra volta!
07|07 M: Ma, non so. Lavora in un negozio o va a trovare i clienti a casa o nel loro ufficio?
07|08 B: I nostri clienti vengono in negozio.
07|09 M: È un piccolo negozio o un grande magazzino?
07|10 B: Un magazzino abbastanza grande con una grandissima sala esposizioni.
07|11 M: È grande anche il prodotto che vende?
07|12 B: Esatto. A dire il vero si tratta di diversi metri quadrati.
07|13 M: Oh, mi arrendo. Cosa vende, Bianca?
07|14 B: Tende e tappeti.
07|15 M: Oh!
07|16 B: Le è successo qualcosa? Che Le prende, Michele?
07|17 M: Sa, stavo pensando ad un servizio che ho visto in televisione, su bambini che nel terzo mondo sono più o meno costretti a fare tappeti …
07|18 B: So cosa vuol dire. Beh, posso rassicurarLa: i nostri tappeti sono solo imitazioni.
07|19 M: Meno male.
07|20 B: Lo dico anch'io.

Einheit 8: Haben Sie Hunger?

08|01 M: Es ist seltsam, aber aus dem einen oder anderen Grund kann eine Imitation heutzutage besser als ein Original sein.

08|02 B: Nehmen wir zum Beispiel Felle oder Pelze. Auch ich würde niemals einen Pelzmantel anziehen. Ich ziehe Imitationen vor.

08|03 M: Abgesehen von den moralischen Überlegungen sind sie auch viel preiswerter.

08|04 B: Genau so. So kann man sich viel mehr kaufen, und es bleibt Geld übrig, um zum Beispiel in ein Restaurant zu gehen.

08|05 M: Das ist eine Idee! Haben Sie Hunger?

08|06 B: Eigentlich ja.

08|07 M: Da ist ein Lokal um die Ecke. Sie haben sehr gute französische Küche. Oder ziehen Sie Chinesisch vor?

08|08 B: Mir schmeckt beides. Aber im Moment habe ich Lust auf Französisch.

08|09 M: In Ordnung, gehen wir. Ist dies Ihre Jacke?

08|10 B: Ja, 100 Prozent Imitation!

08|11 M: Apropos, mir ist eine Geschichte eingefallen.

08|12 B: Erzählen Sie.

08|13 M: Sie handelt von jener kleinen Robbe, die wegen ihres Pelzes getötet wurde. Sie ging direkt ins Paradies ein und wurde von Sankt Petrus herzlich empfangen, der ihr sagte: „Da du wegen deines Pelzes getötet wurdest, hat Gott entschieden, dass dir ein Wunsch gewährt werde. Was willst du, kleine Robbe?“

08|14 B: Und was wollte sie?

08|15 M: Sie sagte zu Sankt Petrus: „Ich will einen Pelz, der aus alten und dicken Damen gemacht ist.“

08|16 B: Es lohnt sich, darüber nachzudenken.

Dekodierte Fassung

Unità Ọtto: Ha fạme?
Einheit Acht: Haben Sie Hunger?

08|01 M: È strạno, ma al giọrno d'ọggi un'imitaziọne può ẹssere mẹglio
Es ist seltsam, aber heutzutage eine_Imitation kann sein besser

di un originạle, per un motịvo o per l'ạltro.
von einem Original, für einen Grund oder für den_anderen.

08|02 B: Prendiạmo per esẹmpio la pẹlle o la pellịccia. Nemmẹno ịo
Nehmen wir für Beispiel das Fell oder den Pelz. Auch_nicht ich

indosserẹi mại un mantẹllo di pellịccia. Preferịsco le
anziehen_würde niemals einen Mantel von Pelz. Ich vorziehe die

imitaziọni.
Imitationen.

08|03 M: A pạrte le consideraziọni morạli sọno ạnche mọlto più
Beiseite die Überlegungen moralischen sie sind auch viel mehr

a buọn mercạto.
preiswert.

08|04 B: Prọprio così. Così si può comprạre mọlto di più, e
Genau so. So man sich kann kaufen viel von mehr, und es

avanzerà del denạro, per esẹmpio, per andạre al
übrigbleiben_wird von_dem Geld, für Beispiel, für gehen zu_dem

ristorạnte.
Restaurant.

08|05 M: Quẹsta sì che è un'idẹa! Ha fạme?
Dies ja dass es ist eine_Idee! Haben Sie Hunger?

08|06 B: A dịre la verità sì.
Eigentlich ja.

08|07 M: C'è un pọsto diẹtro l'ạngolo. Hạnno un'ọttima cucịna
Da_ist ein Lokal hinter der_Ecke. Sie haben eine_sehr_gute Küche

francẹse. O preferịsce cinẹse?
französische. Oder vorziehen Sie Chinesisch?

08|08 B: Mi piạcciono entrạmbe. Ma per ọra mi va bẹne quẹlla francẹse.
Mir schmecken beide. Aber im_Moment mir geht gut jene französische.

08|09 M: Va bẹne, andiạmo. È quẹsta la Sụa giạcca?
Das geht gut, gehen wir. Ist dies die Ihre Jacke?

08|10 B: Sì, 100 per cẹnto imitaziọne!
Ja, 100 Prozent Imitation!

08|11 M: A propọsito, mi è venụta in mẹnte ụna stọria.
Apropos, mir ist gekommen in den Sinn eine Geschichte.

08|12 B: Raccọnti.
Erzählen Sie.

08|13 M: Trạtta di quẹlla pịccola fọca che fu uccịsa per la sụa
Sie handelt von jener kleinen Robbe die war getötet für den ihren

pellịccia. Quẹsta andò drịtta in paradịso e fu accọlta
Pelz. Diese ging direkt in das Paradies und war empfangen

calorosamẹnte da San Piẹtro, che le dịsse: "Vịsto che sẹi
herzlich von Sankt Petrus, der ihr sagte: „Da du bist

stạta uccịsa per la tụa pellịccia, Dịo ha decịso che ti
gewesen getötet für den deinen Pelz, Gott hat entschieden dass dir

vẹnga concẹsso un desidẹrio. Cọsa vuọi, pịccola fọca?”
komme gewährt ein Wunsch. Was für eine Sache du willst, kleine Robbe?“

08|14 B: E cọsa ha volụto?
Und was für eine Sache sie hat gewollt?

08|15 M: Dịsse a San Piẹtro: “Vọglio ụna pellịccia fạtta di
Sie sagte zu Sankt Petrus: „Ich will einen Pelz gemacht von

dọnne anziạne e grạsse.”
Damen alten und dicken.“

08|16 B: A pensạrci è ancọra pẹggio.
Zu denken_daran ist noch schlimmer.

Italienische Fassung

Unità Otto: Ha fame?

08|01 M: È strano, ma al giorno d’oggi un’imitazione può essere meglio di un originale, per un motivo o per l’altro.
08|02 B: Prendiamo per esempio la pelle o la pelliccia. Nemmeno io indosserei mai un mantello di pelliccia. Preferisco le imitazioni.
08|03 M: A parte le considerazioni morali sono anche molto più a buon mercato.
08|04 B: Proprio così. Così si può comprare molto di più, e avanzerà del denaro, per esempio, per andare al ristorante.
08|05 M: Questa sì che è un’idea! Ha fame?
08|06 B: A dire la verità sì.
08|07 M: C’è un posto dietro l’angolo. Hanno un’ottima cucina francese. O preferisce cinese?
08|08 B: Mi piacciono entrambe. Ma per ora mi va bene quella francese.
08|09 M: Va bene, andiamo. È questa la Sua giacca?
08|10 B: Sì, 100 per cento imitazione!
08|11 M: A proposito, mi è venuta in mente una storia.
08|12 B: Racconti.
08|13 M: Tratta di quella piccola foca che fu uccisa per la sua pelliccia. Questa andò dritta in paradiso e fu accolta calorosamente da San Pietro, che le disse: “Visto che sei stata uccisa per la tua pelliccia, Dio ha deciso che ti venga concesso un desiderio. Cosa vuoi, piccola foca?”
08|14 B: E cosa ha voluto?
08|15 M: Disse a San Pietro: “Voglio una pelliccia fatta di donne anziane e grasse.”
08|16 B: A pensarci è ancora peggio.

Einheit 9: Im Restaurant

09|01 B: Ich kann mir ähnliche Geschichten für einen Elefanten vorstellen, der wegen seiner Stoßzähne gejagt wird …
09|02 M: … oder für so viele andere Tiere, die der Mensch tötet, aber nicht wegen der Ernährung …
09|03 B: Apropos, ist dies das Lokal?
09|04 M: Ja. Lassen Sie mich die Tür für Sie öffnen.
09|05 B: Danke. Oh, das ist ja ein schönes Lokal. Es gefällt mir!
09|06 M: Ich bin schon mal da gewesen. Die Preise sind niedrig, und die Qualität ist gut.
09|07 B: Was sagen Sie zu jenem Tisch dort?
09|08 M: Ja, er sieht gut aus.
09|09 B: Ich nehme Coq au vin. Ich mag Coq au vin.
09|10 M: Und reichlich Salat mit französischem Dressing!
09|11 B: Sie meinen mit Joghurt? Gut!
09|12 M: Und zu trinken? Was sagen Sie, sollen wir Wein nehmen?
09|13 B: Wie nennt man diesen französischen Wein in Flaschen, die oben schmal und unten eher dick sind?
09|14 M: Bordeaux?
09|15 B: Ja, genau den. Nehmen wir ihn?
09|16 M: In Ordnung. Der Kellner kommt gerade …
09|17 B: Michele, entschuldigen Sie mich einen Moment.
09|18 M: Die Waschräume für die Damen sind da drüben.
09|19 B. Danke.
09|20 M: Soll ich für beide bestellen?
09|21 B: Ja, bitte. Ich bin sofort zurück.

Dekodierte Fassung

Unità	Nọve:	Al	ristorạnte
Einheit	**Neun:**	**In_dem**	**Restaurant**

09|01 B:

	Pọsso	immaginạrmi	stọrie	sịmili	per	un	elefạnte,
Ich	**kann**	**vorstellen_mir**	**Geschichten**	**ähnliche**	**für**	**einen**	**Elefanten,**

cacciạto	per	le	sụe	zạnne	…
gejagt	**für**	**die**	**seine**	**Stoßzähne**	**…**

09|02 M:

…	o	per	tạnti	ạltri	animạli	che	l'uọmo	uccịde,	ma	non
…	**oder**	**für**	**so_viele**	**andere**	**Tiere**	**die**	**der_Mensch**	**tötet,**	**aber**	**nicht**

per	cibạrsi	…
für	**ernähren_sich**	**…**

09|03 B:

A propọsito	di	cịbo,	è	quẹsto	il	pọsto?
Apropos	**von**	**Nahrung,**	**ist**	**dics**	**das**	**Lokal?**

09|04 M:

Sì.	Lạsci		che		Le	ạpra	la	pọrta.
Ja.	**Lassen**	**Sie**	**dass**	**ich**	**Ihnen**	**öffne**	**die**	**Tür.**

09|05 B: Grạzie. Oh, quẹsto sì che è un bel pọsto. Mi piạce!
Danke. Oh, dies ja dass es ist ein schönes Lokal. Es mir gefällt!

09|06 M: Ci sọno già stạto prịma. I prẹzzi sọno bạssi e la
Ich da bin schon gewesen vorher. Die Preise sind niedrig und die
qualità è buọna.
Qualität ist gut.

09|07 B: Che ne dịce di quel tạvolo là?
Was Sie davon sagen von jenem Tisch dort?

09|08 M: Sì, mi pạre buọno.
Ja, er mir scheint gut.

09|09 B: Ịo prẹndo Coq au vin. Mi piạce il Coq au vin.
Ich nehme Coq au vin. Mir schmeckt das Coq au vin.

09|10 M: Ed un'abbondạnte insalạta con salsịna francẹse!
Und einen_reichlichen Salat mit Dressing französischem!

09|11 B: Vuọle dịre con lo yọgurt? Buọna!
Sie wollen sagen mit dem Joghurt? Gut!

09|12 M: E da bẹre? Che ne dịce se prendiạmo del vịno?
Und von trinken? Was Sie davon sagen falls wir nehmen von_dem Wein?

09|13 B: Cọme chiạmano quel vịno francẹse in bottịglie che sọno
Wie sie nennen jenen Wein französischen in Flaschen die sind
strẹtte in ạlto e piuttọsto grọsse di sọtto?
schmal oben und eher dick unten?

09|14 M: Bordeaux?
Bordeaux?

09|15 B: Sì, prọprio quẹllo. Lo prendiạmo?
Ja, genau jenen. Ihn nehmen wir?

09|16 M: Va bẹne. Il camerịẹre sta arrivạndo …
Das geht gut. Der Kellner steht ankommend …

09|17 B: Michẹle, mi scụsi un ạttimo.
Michele, mich entschuldigen Sie einen Moment.

09|18 M: I bạgni per le signọre sọno da quẹlla pạrte.
Die Waschräume für die Damen sind da_drüben.

09|19 B: Grạzie.
Danke.

09|20 M: Ọrdino per tụtti e dụe?
Ich bestelle für alle und zwei?

09|21 B: Sì, per favọre. Arrịvo sụbito.
Ja, bitte. Ich ankomme sofort.

Italienische Fassung

Unità Nove: Al ristorante

09|01 B: Posso immaginarmi storie simili per un elefante, cacciato per le sue zanne …
09|02 M: … o per tanti altri animali che l'uomo uccide, ma non per cibarsi …
09|03 B: A proposito di cibo, è questo il posto?
09|04 M: Sì. Lasci che Le apra la porta.
09|05 B: Grazie. Oh, questo sì che è un bel posto. Mi piace!
09|06 M: Ci sono già stato prima. I prezzi sono bassi e la qualità è buona.
09|07 B: Che ne dice di quel tavolo là?
09|08 M: Sì, mi pare buono.
09|09 B: Io prendo Coq au vin. Mi piace il Coq au vin.
09|10 M: Ed un'abbondante insalata con salsina francese!
09|11 B: Vuole dire con lo yogurt? Buona!
09|12 M: E da bere? Che ne dice se prendiamo del vino?
09|13 B: Come chiamano quel vino francese in bottiglie che sono strette in alto e piuttosto grosse di sotto?
09|14 M: Bordeaux?
09|15 B: Sì, proprio quello. Lo prendiamo?
09|16 M: Va bene. Il cameriere sta arrivando …
09|17 B: Michele, mi scusi un attimo.
09|18 M: I bagni per le signore sono da quella parte.
09|19 B: Grazie.
09|20 M: Ordino per tutti e due?
09|21 B: Sì, per favore. Arrivo subito.

Einheit 10: Auf Wiedersehen fürs Erste

10|01 M: Das war ein köstliches Essen, nicht wahr?
10|02 B: Ja, danke für das schöne Abendessen.
10|03 M: Nehmen Sie jetzt einen Kaffee?
10|04 B: Gute Idee. Auch wenn ich normalerweise nicht viel Kaffee trinke.
10|05 M: Ich auch nicht. Tagsüber trinke ich im Allgemeinen Tee.
10|06 B: Mit Milch! Ich glaube, in der Beziehung bin ich fast Engländerin.
10|07 M: Ich nehme auch Milch. Franzosen trinken sehr viel Kaffee oder sehr viel Wein.
10|08 B: Amerikaner trinken viel Cola, und Deutsche mögen Bier.
10|09 M: Andere Länder, andere Sitten.
10|10 B: Das ist ein weiterer Aspekt, wenn man andere Sprachen lernt. Man lernt neue Sitten, und man lernt auch andere Länder kennen.
10|11 M: Und man muss auch nicht ins Ausland gehen. Im globalen Dorf können wir Leute aus aller Welt direkt hier zu Hause treffen, außer wir nennen sie Ausländer und denken, wir seien besser …
10|12 B: Wir sind alle Ausländer – auf der ganzen Welt, außer an einem sehr kleinen Ort, den wir Zuhause nennen. Apropos, ich muss jetzt nach Hause, es ist spät geworden.
10|13 M: Ja, fast Mitternacht. Gut, es war wirklich eine Freude, mit Ihnen zu sprechen, Bianca.
10|14 B: Es war auch für mich eine Freude, mit Ihnen zu sprechen, Michele.
10|15 M: Vielleicht können wir es in den nächsten Tagen noch mal machen?
10|16 B: Ich würde mich freuen. Hier ist meine Visitenkarte. Rufen Sie mich an, wenn Sie wollen.
10|17 M: Werde ich machen. Hier ist meine Visitenkarte. Wollen Sie, dass ich Sie nach Hause begleite?
10|18 B: Nein, danke. Ich wäre Ihnen dankbar, wenn Sie den Kellner bitten würden, ein Taxi zu rufen.
10|19 M: Herr Ober, könnten Sie ein Taxi für die Dame rufen? Also, verabschieden wir uns fürs Erste, Bianca?
10|20 B: Leider ja. Bis bald.

Dekodierte Fassung

Unità Diẹci: Per ọra arrivedẹrci
Einheit Zehn: Fürs_Erste auf_Wiedersehen_uns

10|01 M: È stạto un pạsto deliziọso, vẹro?
Das ist gewesen ein Essen köstliches, wahr?

10|02 B: Sì, grạzie per la bẹlla cẹna.
Ja, danke für das schöne Abendessen.

10|03 M: Prẹnde un caffè, adẹsso?
Nehmen Sie einen Kaffee, jetzt?

10|04 B: Buọna idẹa. Ạnche se di rẹgola non bẹvo mọlto caffè.
Gute Idee. Auch wenn normalerweise ich nicht trinke viel Kaffee.

10|05 M: Nemmẹno ịo. Durạnte la giornạta in gẹnere bẹvo tè.
Auch_nicht ich. Tagsüber in dem Allgemeinen ich trinke Tee.

10|06 B: Col lạtte! Crẹdo che per quẹllo sọno quạsi
Mit_der Milch! Ich glaube dass in_der_Beziehung ich bin fast

un'inglẹse.
eine_Engländerin.

10|07 M: Anch'ịo prẹndo il lạtte. I francẹsi bẹvono trọppo caffè o
Auch_ich nehme die Milch. Die Franzosen trinken sehr_viel Kaffee oder

trọppo vịno.
sehr_viel Wein.

10|08 B: Gli americạni bẹvono mọlta Cọca Cọla e ại tedẹschi
Die Amerikaner trinken viel Coca Cola und zu_den Deutschen

pịace la bịrra.
schmeckt das Bier.

10|09 M: Paẹsi divẹrsi, usạnze divẹrse.
Länder verschiedene, Sitten verschiedene.

10|10 B: Quẹllo è un ạltro aspẹtto di quạndo si impạrano ạltre
Jenes ist ein weiterer Aspekt da‿ von wenn sich lernen andere

lịngue. Si apprẹndono nuọve usạnze e si conọscono ạnche
Sprachen. Sich lernen neue Sitten und sich kennenlernen auch

ạltre naziọni.
andere Länder.

10|11 M: E non c'è nemmẹno bisọgno di andạre all'ẹstero. Con
Und nicht da_ist auch_nicht Bedarf von gehen in_das_Ausland. Mit

il villạggio globạle possiạmo incontrạre gẹnte di tụtto il
dem Dorf globalen wir können treffen Leute von all der

mọndo prọprio qui, a cạsa, trạnne che li chiamiạmo
Welt direkt hier, zu Hause, ausgenommen dass wir sie nennen

stranịeri e pensiạmo di ẹssere migliọri …
Ausländer und denken von sein besser …

10|12 B: Siạmo tụtti stranịeri – in tụtto il mọndo, eccẹtto in un
Wir sind alle Ausländer – in all der Welt, außer an einem

piccolịssimo pọsto che chiamiạmo cạsa. A propọsito, ọra
sehr_kleinen Ort den wir nennen Zuhause. Apropos, jetzt ich

dẹvo andạre a cạsa, si è fạtto tạrdi.
muss gehen nach Hause, es sich ist gemacht spät.

10|13 M: Sì, quạsi mezzanọtte. Bẹne, è stạto un vẹro piacẹre parlạre
Ja, fast Mitternacht. Gut, es ist gewesen eine wahre Freude sprechen

con Lẹi, Bịanca.
mit Ihnen, Bianca.

10|14 B: Ạnche a me ha fạtto piacẹre parlạre con Lẹi, Michẹle.
Auch zu mir hat gemacht Freude sprechen mit Ihnen, Michele.

10|15 M: Fọrse possiạmo rifạrlo, ụno di quẹsti giọrni.
Vielleicht wir können noch_mal_machen_es, einen von diesen Tagen.

10|16 B: Ne sarẹi liẹta. Ẹcco il mịo bigliẹtto da vịsita. Mi
Ich davon wäre erfreut. Sieh_da die meine Karte von Visite. Mich

chiạmi quạndo vuọle.
anrufen Sie wenn Sie wollen.

10|17 M: Lo farò. Quẹsto è il mịo bigliẹtto da vịsita. Vuọle
Ich es machen_werde. Dies ist die meine Karte von Visite. Wollen

che L'accompạgni a cạsa?
Sie dass ich Sie_begleite nach Hause?

10|18 B: No, grạzie. Le sarẹi grạta se chiedẹsse al
Nein, danke. Ich Ihnen wäre dankbar falls Sie bitten_würden zu_dem

cameriẹre di chiamạre un tassì.
Kellner von rufen ein Taxi.

10|19 M: Cameriẹre, per favọre potrẹbbe chiamạre un tassì per la signọra?
Kellner, bitte könnten Sie rufen ein Taxi für die Dame?

Quịndi, per ọra ci salutiạmo, Bịanca?
Also, fürs_Erste wir uns verabschieden, Bianca?

10|20 B: Purtrọppo sì. A prẹsto.
Leider ja. Bis bald.

Italienische Fassung

Unità Dieci: Per ora arrivederci

10|01 M: È stato un pasto delizioso, vero?
10|02 B: Sì, grazie per la bella cena.
10|03 M: Prende un caffè, adesso?
10|04 B: Buona idea. Anche se di regola non bevo molto caffè.
10|05 M: Nemmeno io. Durante la giornata in genere bevo tè.
10|06 B: Col latte! Credo che per quello sono quasi un'inglese.
10|07 M: Anch'io prendo il latte. I francesi bevono troppo caffè o troppo vino.

10|08 B: Gli americani bevono molta Coca Cola e ai tedeschi piace la birra.

10|09 M: Paesi diversi, usanze diverse.

10|10 B: Quello è un altro aspetto di quando si imparano altre lingue. Si apprendono nuove usanze e si conoscono anche altre nazioni.

10|11 M: E non c'è nemmeno bisogno di andare all'estero. Con il villaggio globale possiamo incontrare gente di tutto il mondo proprio qui, a casa, tranne che li chiamiamo stranieri e pensiamo di essere migliori …

10|12 B: Siamo tutti stranieri – in tutto il mondo, eccetto in un piccolissimo posto che chiamiamo casa. A proposito, ora devo andare a casa, si è fatto tardi.

10|13 M: Sì, quasi mezzanotte. Bene, è stato un vero piacere parlare con Lei, Bianca.

10|14 B: Anche a me ha fatto piacere parlare con Lei, Michele.

10|15 M: Forse possiamo rifarlo, uno di questi giorni.

10|16 B: Ne sarei lieta. Ecco il mio biglietto da visita. Mi chiami quando vuole.

10|17 M: Lo farò. Questo è il mio biglietto da visita. Vuole che L'accompagni a casa?

10|18 B: No, grazie. Le sarei grata se chiedesse al cameriere di chiamare un tassì.

10|19 M: Cameriere, per favore potrebbe chiamare un tassì per la signora? Quindi, per ora ci salutiamo, Bianca?

10|20 B: Purtroppo sì. A presto.

Epilog Teil 1

1E|01 B: Und Sie, meine Damen und Herren, werden uns jedes Mal wiedertreffen, wenn Sie diese Kassette anhören.

1E|02 M: Dies ist das Ende des ersten Teiles. Wenn Sie alles verstehen, haben Sie den schwierigsten Teil Ihrer Reise in die italienische Sprache gemeistert.

1E|03 B: Der Anfang ist immer schwieriger. Ab jetzt ist es immer leichter, weil Sie sich jedes Mal, wenn Sie zuhören, besser vorbereitet fühlen.

1E|04 M: Sie haben gelernt, wie man eine Person trifft, wie man Namen austauscht und sich merkt, wie man erfährt, wo eine Person wohnt und was sie macht.

1E|05 B: Und Sie haben mit der Kunst, sich über andere Themen zu unterhalten, angefangen. Sie haben wichtige Sätze gelernt, die notwendig sind, um Meinungen über jedes Thema auszutauschen.

1E|06 M: Wenn Sie den ganzen ersten Teil gut kennen, sind Sie für den zweiten Teil bereit, wo wir Ihnen zeigen werden, wie man zurechtkommt.

1E|07 B: Wir werden ein Taxi nehmen, wir werden Sachen kaufen, wir werden davon sprechen, wie man Anweisungen gibt, wir werden einen Telefonanruf tätigen usw. usw.

1E|08 M: Also, auf Wiedersehen fürs Erste.

1E|09 B: Tschüss. Viel Glück und bis bald …

1E|10 M: … und das ist jedes Mal, wenn Sie diese Kassette anhören werden.

1E|11 B: Und es wird mit jedem Mal leichter sein. Es macht Spaß, wenn Sie lernen wollen und Ihnen klar wird, dass jeder Satz Sie der Beherrschung der Sprache einen Schritt näherbringt.

1E|12 M: Stimmt. Tschüss fürs Erste.

1E|13 B: Tschüss, Michele.

Dekodierte Fassung

Epịlogo
Epilog

1E|01 B: E Vọi, signọre e signọri ci incontrerẹte di nuọvo ọgni vọlta
Und Sie, Damen und Herren uns treffen_werden wieder jedes Mal

che ascolterẹte quẹsta cassẹtta.
dass Sie anhören_werden diese Kassette.

1E|02 M: Quẹsta è la fịne dẹlla prịma pạrte. Quạndo capirẹte
Dies ist das Ende von_dem ersten Teil. Wenn Sie verstehen_werden

tụtto, avrẹte superạto la pạrte più diffịcile del
alles, Sie haben_werden gemeistert den Teil meist schwierigen von_der

Vọstro viạggio nẹlla lịngua italiạna.
Ihrer Reise in_die Sprache italienische.

1E|03 B: L'inịzio è sẹmpre più diffịcile. Da ọra in pọi sarà sẹmpre
Der_Anfang ist immer mehr schwierig. Ab_jetzt es sein_wird immer

più fącile, perché ọgni vọlta che ascolterẹte Vi
mehr leicht, weil jedes Mal dass Sie zuhören_werden Sie sich

sentirẹte più preparạti.
fühlen_werden mehr vorbereitet.

1E|04 M: Avẹte imparạto cọme incontrạre ụna persọna, cọme scambiạre e
Sie haben gelernt wie treffen eine Person, wie austauschen und

ricordạre i nọmi, cọme venịre a sapẹre dọve ụna persọna ạbita
merken die Namen, wie kommen zu wissen wo eine Person wohnt

e cọsa fa.
und was für eine Sache sie macht.

1E|05 B: E avẹte iniziạto l'ạrte di fạre conversaziọne su
Und Sie haben angefangen die_Kunst von machen Unterhaltung über

ạltri tẹmi. Avẹte imparạto frạsi importạnti, necessạrie per
andere Themen. Sie haben gelernt Sätze wichtige, notwendig für

scambiạre opiniọni su ọgni tẹma.
austauschen Meinungen über jedes Thema.

1E|06 M: Quạndo conoscerẹte bẹne tụtta la prịma pạrte, sarẹte
Wenn Sie kennen_werden gut all den ersten Teil, Sie sein_werden

prọnti per la secọnda pạrte, dọve Vi mostrerẹmo cọme
bereit für den zweiten Teil, wo wir Ihnen zeigen_werden wie

andạre in gịro.
gehen auf Rundgang.

1E|07 B: Prenderẹmo un tassì, comprerẹmo dẹlle cọse,
Wir nehmen_werden ein Taxi, wir kaufen_werden von_den Sachen, wir

parlerẹmo di cọme dạre indicaziọni, farẹmo
sprechen_werden da‿ von wie geben Anweisungen, wir machen_werden

ụna telefonạta, eccẹtera, eccẹtera.
einen Telefonanruf, usw., usw.

1E|08 M: Quịndi, per ọra arrivedẹrci.
Also, fürs_Erste auf_Wiedersehen_uns.

1E|09 B: Ciạo. Buọna fortụna e a prẹsto …
Tschüss. Gutes Glück und bis bald …

1E|10 M: … che signịfica ọgni vọlta che Vọi ascolterẹte quẹsta cassẹtta.
… was bedeutet jedes Mal dass Sie anhören_werden diese Kassette.

1E|11 B:	E	ọgni	vọlta		sarà	sẹmpre	più	fạcile.		È	divertẹnte,
	Und	**jedes**	**Mal**	**es**	**sein_wird**	**immer**	**mehr**	**leicht.**	**Es**	**ist**	**vergnüglich,**

	se		volẹte	imparạre	e		Vi	rendẹte	cọnto	che	ọgni
	falls	**Sie**	**wollen**	**lernen**	**und**	**Sie**	**sich**	**verschaffen**	**Klarheit**	**dass**	**jeder**

	frạse	Vi	avvicịna	di	un	pạsso	ạlla	padronạnza	dẹlla	lịngua.
	Satz	**Sie**	**näherbringt**	**von**	**einem**	**Schritt**	**zu_der**	**Beherrschung**	**von_der**	**Sprache.**

1E|12 M:		È	vẹro.	Per ọra	ciạo.
	Das	**ist**	**wahr.**	**Fürs_Erste**	**tschüss.**

1E|13 B:	Ciạo,	Michẹle.
	Tschüss,	**Michele.**

Italienische Fassung

Epilogo

1E|01 B: E Voi, signore e signori ci incontrerete di nuovo ogni volta che ascolterete questa cassetta.

1E|02 M: Questa è la fine della prima parte. Quando capirete tutto, avrete superato la parte più difficile del Vostro viaggio nella lingua italiana.

1E|03 B: L'inizio è sempre più difficile. Da ora in poi sarà sempre più facile, perché ogni volta che ascolterete Vi sentirete più preparati.

1E|04 M: Avete imparato come incontrare una persona, come scambiare e ricordare i nomi, come venire a sapere dove una persona abita e cosa fa.

1E|05 B: E avete iniziato l'arte di fare conversazione su altri temi. Avete imparato frasi importanti, necessarie per scambiare opinioni su ogni tema.

1E|06 M: Quando conoscerete bene tutta la prima parte, sarete pronti per la seconda parte, dove Vi mostreremo come andare in giro.

1E|07 B: Prenderemo un tassì, compreremo delle cose, parleremo di come dare indicazioni, faremo una telefonata, eccetera, eccetera.

1E|08 M: Quindi, per ora arrivederci.

1E|09 B: Ciao. Buona fortuna e a presto …

1E|10 M: … che significa ogni volta che Voi ascolterete questa cassetta.

1E|11 B: E ogni volta sarà sempre più facile. È divertente, se volete imparare e Vi rendete conto che ogni frase Vi avvicina di un passo alla padronanza della lingua.

1E|12 M: È vero. Per ora ciao.

1E|13 B: Ciao, Michele.

Prolog Teil 2: Ein Schritt auf einmal!

2P|01 B: Willkommen zum zweiten Teil dieses Kurses. Wenn Sie mit dem ersten Teil angefangen haben, wissen Sie jetzt, wie man Personen trifft, wie man ihre Namen herausfindet …

2P|02 M: … wobei man den Namen der Personen viel Aufmerksamkeit widmet und versucht, sie sich zu merken …

2P|03 B: … und dabei Gedächtnistricks nutzt …

2P|04 M: … weil Namen wichtig sind! Die Leute werden Sie lieben, wenn Sie Interesse an ihnen zeigen.

2P|05 B: Und ihr Name ist erst der Anfang. Dann können Sie von dem Ort, wo Sie leben, oder von der Arbeit, die Sie machen, sprechen oder sich unterhalten …

2P|06 M: Während Sie eine Sprache lernen, ist es wichtig, dass Sie zuerst von Sachen sprechen, über die Sie sprechen können …

2P|07 B: … während Sie danach über all das sprechen können, was Ihnen einfällt.

2P|08 M: Weil sich ein Lerner genau wie ein Kind darauf konzentrieren sollte, nur einen Schritt auf einmal zu machen.

2P|09 B: Und einer dieser Schritte ist das Verstehen der Sätze.

2P|10 M: Wenn Sie sich immer auf einen einzigen Schritt konzentrieren und sich ihn ohne Eile vornehmen, macht Lernen Spaß.

2P|11 B: Und jeder Schritt vorwärts, den Sie machen, tut Ihrem Selbstwertgefühl gut.

2P|12 M: Setzen wir also unsere Reise in die italienische Sprache fort. Folgen Sie mir, während ich Bianca anrufe …

Dekodierte Fassung

Prọlogo: Un pạsso ạlla vọlta
Prolog: Ein Schritt auf_das Mal

2P|01 B: Benvenụti ạlla secọnda pạrte di quẹsto cọrso. Se avẹte
Willkommen zu_dem zweiten Teil von diesem Kurs. Falls Sie haben

iniziạto con la prịma pạrte ọra sapẹte cọme incontrạre le
angefangen mit dem ersten Teil jetzt Sie wissen wie treffen die

persọne, cọme conọscere i lọro nọmi …
Personen, wie kennenlernen die ihre Namen …

2P|02 M: … prestạndo mọlta attenziọne ại nọmi dẹlle persọne
… leihend viel Aufmerksamkeit zu_den Namen von_den Personen

e cercạndo di ricordạrli …
und versuchend von merken_sie …

2P|03 B: … facẹndo ụso di trụcchi di memọria …
… machend Nutzung von Tricks von Gedächtnis …

2P|04 M: … perché i nọmi sọno importạnti! Le persọne Vi amerạnno
… weil die Namen sind wichtig! Die Personen Sie lieben_werden

se mostrạte interẹsse per lọro.
falls Sie zeigen Interesse für sie.

2P|05 B: E il lọro nọme è sọlo l'inịzio. Pọi potrẹte
Und der ihr Name ist erst der_Anfang. Dann Sie können_werden

parlạre del pọsto dọve vivẹte o del lavọro che
sprechen von_dem Ort wo Sie leben oder von_der Arbeit die Sie

fạte o conversạre …
machen oder unterhalten sich …

2P|06 M: Durạnte l'apprendimẹnto di ụna lịngua è importạnte che
Während des_Lernens von einer Sprache es ist wichtig dass Sie

parliạte innanzitụtto di cọse di cụi siẹte in grạdo di
sprechen zuerst von Sachen von denen Sie sind imstande von

parlạre …
sprechen …

2P|07 B: … mẹntre dọpo potrẹte parlạre di tụtto quẹllo che
… während danach Sie können_werden sprechen von all jenem was

Vi pạre.
Ihnen scheint.

2P|08 M: Perché, prọprio cọme un bambịno, ụno che impạra dovrẹbbe
Weil, genau wie ein Kind, einer der lernt sollte

concentrạrsi a fạre un pạsso ạlla vọlta.
konzentrieren_sich zu machen einen Schritt auf_das Mal.

2P|09 B: E ụno di quẹsti pạssi è comprẹndere le frạsi.
Und einer von diesen Schritten ist verstehen die Sätze.

2P|10 M: Se Vi concentrạte sẹmpre su un sọlo pạsso,
Falls Sie sich konzentrieren immer auf einen einzigen Schritt,

prendẹndoVela con cọmodo, imparạre sarà divertẹnte.
nehmend_sich_ihn ohne_Eile, Lernen sein_wird vergnüglich.

2P|11 B: Ed ọgni pạsso avạnti che farẹte farà bẹne
Und jeder Schritt vorwärts den Sie machen_werden tun_wird gut

al Vọstro sẹnso di autocosciẹnza.
zu_dem Ihrem Gefühl von Selbstvertrauen.

2P|12 M: Continuiạmo quịndi il nọstro viạggio nẹlla lịngua italiạna.
Fortsetzen wir also die unsere Reise in_die Sprache italienische.

Seguịtemi,	mẹntre		chiạmo	Biạnca	al	telẹfono	…
Folgen_Sie_mir,	**während**	**ich**	**anrufe**	**Bianca**	**an_dem**	**Telefon**	**…**

Italienische Fassung

Prologo: Un passo alla volta

2P|01 B: Benvenuti alla seconda parte di questo corso. Se avete iniziato con la prima parte ora sapete come incontrare le persone, come conoscere i loro nomi …

2P|02 M: … prestando molta attenzione ai nomi delle persone e cercando di ricordarli …

2P|03 B: … facendo uso di trucchi di memoria …

2P|04 M: … perché i nomi sono importanti! Le persone Vi ameranno se mostrate interesse per loro.

2P|05 B: E il loro nome è solo l'inizio. Poi potrete parlare del posto dove vivete o del lavoro che fate o conversare …

2P|06 M: Durante l'apprendimento di una lingua è importante che parliate innanzitutto di cose di cui siete in grado di parlare …

2P|07 B: … mentre dopo potrete parlare di tutto quello che Vi pare.

2P|08 M: Perché, proprio come un bambino, uno che impara dovrebbe concentrarsi a fare un passo alla volta.

2P|09 B: E uno di questi passi è comprendere le frasi.

2P|10 M: Se Vi concentrate sempre su un solo passo, prendendoVela con comodo, imparare sarà divertente.

2P|11 B: Ed ogni passo avanti che farete farà bene al Vostro senso di autocoscienza.

2P|12 M: Continuiamo quindi il nostro viaggio nella lingua italiana. Seguitemi, mentre chiamo Bianca al telefono …

Einheit 11: Ein Telefonanruf

11|01 M: Wo ist Biancas Visitenkarte mit ihrer Telefonnummer? Oh … da ist sie. Mal sehen …
11|02 B: Hallo.
11|03 M: Kann ich bitte mit Frau Cordari sprechen?
11|04 B: Entschuldigen Sie, die Leitung ist sehr schlecht. Ich habe nicht verstanden …
11|05 M: Kann ich bitte mit Frau Cordari sprechen?
11|06 B: Wer, haben Sie gesagt, sind Sie?
11|07 M: Ich bin Michele Mazzini.
11|08 B: Ah, sind Sie der Herr, mit dem Bianca neulich beim Abendessen war?
11|09 M: Ja, das bin ich. Aber – sind Sie das, Bianca?
11|10 B: Ja, ich bin's, Michele.
11|11 M: Ich hatte Ihre Stimme zuerst nicht erkannt.
11|12 B: Ich weiß, unser Telefon ist nicht das neueste Modell.
11|13 M: Ich dachte, Sie könnten Biancas Schwester sein …
11|14 B: … oder meine Mutter.
11|15 M: Wissen Sie, ich muss geschäftlich nach Mailand und würde Sie gerne wiedersehen.
11|16 B: Das wäre schön. Wann werden Sie hier sein?
11|17 M: Ich habe am Freitag ein paar Termine. Haben Sie am nächsten Freitagabend Zeit, zum Abendessen zu kommen?
11|18 B: Sehr schön! Abendessen am Freitagabend. Das fände ich gut!
11|19 M: Wunderbar. Soll ich um sieben vorbeikommen und Sie abholen?
11|20 B: Ich werde Sie erwarten, Michele.

Dekodierte Fassung

Unità Ụndici: Ụna telefonạta
Einheit Elf: Ein Telefonanruf

11|01 M: Dov'è il bigliẹtto da vịsita di Biạnca con il sụo nụmero
Wo_ist die Karte von Visite von Bianca mit der ihrer Nummer

telefọnico? Oh … ẹccolo. Vediạmo …
telefonischen? Oh … sieh_da_sie. Sehen wir …

11|02 B: Prọnto.
Bereit.

11|03 M: Pọsso parlạre con la signọra Cordạri, per favọre?
Kann ich sprechen mit der Frau Cordari, bitte?

11|04 B: Mi scụsi, la lịnea è pẹssima. Non ho
Mich entschuldigen Sie, die Leitung ist sehr_schlecht. Ich nicht habe

capịto …
verstanden …

11|05 M: Pọsso parlạre con la signọra Cordạri, per favọre?
Kann ich sprechen mit der Frau Cordari, bitte?

11|06 B: Chi ha dẹtto che è Lẹi?
Wer Sie haben gesagt dass sind Sie?

11|07 M: Sọno Michẹle Mazzịni.
Ich bin Michele Mazzini.

11|08 B: Ah, Lẹi è il signọre con cụi Bịanca è stạta a cẹna
Ah, Sie sind der Herr mit dem Bianca ist gewesen bei Abendessen

l'ạltro giọrno?
neulich?

11|09 M: Sì, sọno ịo. Ma – è Lẹi, Bịanca?
Ja, das bin ich. Aber – sind das Sie, Bianca?

11|10 B: Sì, sọno ịo, Michẹle.
Ja, es bin ich, Michele.

11|11 M: Prịma non avẹvo riconosciụto la Sụa vọce.
Zuerst ich nicht hatte erkannt die Ihre Stimme.

11|12 B: Lo so, il nọstro telẹfono non è l'ụltimo modẹllo.
Ich es weiß, das unser Telefon nicht ist das_letzte Modell.

11|13 M: Pensạvo potẹsse ẹssere la sorẹlla di Bịanca …
Ich dachte Sie könnten sein die Schwester von Bianca …

11|14 B: … o mịa mạdre.
… oder meine Mutter.

11|15 M: Sa, dẹvo andạre a Milạno per affạri e mi
Wissen Sie, ich muss gehen nach Mailand für Geschäfte und es mir

piacerẹbbe rivedẹrLa.
gefallen_würde wiedersehen_Sie.

11|16 B: Sarẹbbe bẹllo. Quạndo sarà qui?
Das wäre schön. Wann Sie sein_werden hier?

11|17 M: Ho un pạio di appuntamẹnti venerdì. Ha tẹmpo di
Ich habe ein paar von Terminen Freitag. Haben Sie Zeit von

venịre a cẹna il prọssimo venerdì sẹra?
kommen zu Abendessen den nächsten Freitag‿ Abend?

11|18 B: Bellịssimo! A cẹna venerdì sẹra. Mi piacerẹbbe!
Sehr_schön! Zu Abendessen Freitag‿ Abend. Das mir gefallen_würde!

11|19 M: Meravigliọso. La pạsso a prẹndere ạlle sẹtte?
Wunderbar. Ich Sie vorbeikomme zu abholen um_die sieben?

11|20 B:		Sarò	prọnta,	Michẹle.
	Ich	**sein_werde**	**bereit,**	**Michele.**

Italienische Fassung

Unità Undici: Una telefonata

11|01 M: Dov'è il biglietto da visita di Bianca con il suo numero telefonico? Oh … eccolo. Vediamo …

11|02 B: Pronto.

11|03 M: Posso parlare con la signora Cordari, per favore?

11|04 B: Mi scusi, la linea è pessima. Non ho capito …

11|05 M: Posso parlare con la signora Cordari, per favore?

11|06 B: Chi ha detto che è Lei?

11|07 M: Sono Michele Mazzini.

11|08 B: Ah, Lei è il signore con cui Bianca è stata a cena l'altro giorno?

11|09 M: Sì, sono io. Ma – è Lei, Bianca?

11|10 B: Sì, sono io, Michele.

11|11 M: Prima non avevo riconosciuto la Sua voce.

11|12 B: Lo so, il nostro telefono non è l'ultimo modello.

11|13 M: Pensavo potesse essere la sorella di Bianca …

11|14 B: … o mia madre.

11|15 M: Sa, devo andare a Milano per affari e mi piacerebbe rivederLa.

11|16 B: Sarebbe bello. Quando sarà qui?

11|17 M: Ho un paio di appuntamenti venerdì. Ha tempo di venire a cena il prossimo venerdì sera?

11|18 B: Bellissimo! A cena venerdì sera. Mi piacerebbe!

11|19 M: Meraviglioso. La passo a prendere alle sette?

11|20 B: Sarò pronta, Michele.

Einheit 12: Anweisungen

12|01 M: Ich schaue gerade auf Ihre Adresse. Ist sie schwierig zu finden?

12|02 B: Überhaupt nicht. Im Gegenteil, es ist sehr leicht. Es ist eine von Mailands Hauptstraßen. Wo sind Ihre Termine?

12|03 M: Im Hotel Airone.

12|04 B: Das ist nahe am Dom. Also, Sie gehen aus dem Hotel hinaus …

12|05 M: In Ordnung.

12|06 B: Biegen Sie jetzt nach rechts ab, und nehmen Sie die nächste Straße zu Ihrer Linken. Das ist die Speronari-Straße.

12|07 M: Genau. Verstanden.

12|08 B: Und an der dritten Ampel biegen Sie noch mal nach links ab. Dort wohne ich.

12|09 M: Dann ist es leicht!

12|10 B: Folgen Sie der Straße ungefähr einen Kilometer. Bevor Sie im Wohngebiet ankommen, werden Sie einen Palazzo sehen. Nummer 345 ist nahe an einer Agip-Tankstelle.

12|11 M: Auf der rechten oder linken Straßenseite?

12|12 B: Auf Ihrer linken Seite. Unser Tor kommt sofort nach der Ausfahrt der Tankstelle.

12|13 M: Gut. Verstanden. Scheint mir ziemlich leicht.

12|14 B: Ich werde mein Auto in die Garage stellen, damit Sie das Ihre in die Zufahrt stellen können, Michele.

12|15 M: Gut. Wir sehen uns am Freitag um sieben. Tschüss, Bianca.

12|16 B: Tschüss, Michele.

Dekodierte Fassung

Unità	Dọdici:	Indicaziọni
Einheit	**Zwölf:**	**Anweisungen**

12|01 M:

	Sto	guardạndo	il	Sụo	indirịzzo.	È		diffịcile	da	trovạre?
Ich	**stehe**	**anschauend**	**die**	**Ihre**	**Adresse.**	**Ist**	**sie**	**schwierig**	**von**	**finden?**

12|02 B:

No	affạtto.	Ạnzi,		è	facilịssimo.	È	ụna	dẹlle
Nicht	**überhaupt.**	**Im_Gegenteil,**	**es**	**ist**	**sehr_leicht.**	**Es ist**	**eine**	**von_den**

strạde principạli	di	Milạno.	Dọve	sọno	i	Suọi	appuntamẹnti?
Hauptstraßen	**von**	**Mailand.**	**Wo**	**sind**	**die**	**Ihre**	**Termine?**

12|03 M:

All'albẹrgo	Airọne.
In_dem_Hotel	**Airone.**

12|04 B:

	È	vicịno	al	Duọmo.	Allọra,	Lẹi	ẹsca	dall'albẹrgo	…
Das	**ist**	**nahe**	**an_dem**	**Dom.**	**Also,**	**Sie**	**hinausgehen**	**aus_dem_Hotel**	**…**

12|05 M:

	Va	bẹne.
Das	**geht**	**gut.**

12|06 B:

Ọra	gịri		a	dẹstra	e	prẹnda		la	prọssima	strạda
Jetzt	**abbiegen**	**Sie**	**nach**	**rechts**	**und**	**nehmen**	**Sie**	**die**	**nächste**	**Straße**

sụlla Sụa sinịstra. Quẹlla è la vịa Speronạri.
auf_der Ihrer Linken. Jenes ist die Straße Speronari.

12|07 M: Esạtto. Ho capịto.
Genau. Ich habe verstanden.

12|08 B: E al tẹrzo semạforo gịri ancọra a sinịstra. Ịo
Und an_der dritten Ampel abbiegen Sie noch_mal nach links. Ich

ạbito lì.
wohne dort.

12|09 M: Allọra è fạcile!
Dann es ist leicht!

12|10 B: Sẹgua la strạda per cịrca un chilọmetro. Prịma di
Folgen Sie der Straße für ungefähr einen Kilometer. Davor von

arrivạre nell'ạrea residenziạle vedrà un palạzzo. Il
ankommen in_dem_Wohngebiet Sie sehen_werden einen Palazzo. Die

nụmero 345 è vicịno ad un distributọre Ạgip.
Nummer 345 ist nahe an einer Tankstelle Agip.

12|11 M: Sụlla dẹstra o sụlla sinịstra dẹlla strạda?
Auf_der rechten oder auf_der linken Seite von_der Straße?

12|12 B: Ạlla Sụa sinịstra. Il nọstro cancẹllo viẹne sụbito dọpo
An_der Ihrer linken Seite. Das unser Tor kommt sofort nach

l'uscịta dal distributọre.
der_Ausfahrt von_der Tankstelle.

12|13 M: Bẹne. Ho capịto. Mi sẹmbra abbastạnza fạcile.
Gut. Ich habe verstanden. Mir scheint ziemlich leicht.

12|14 B: Metterò in garạge la mịa mạcchina, così può
Ich stellen_werde in die Garage das mein Auto, so Sie können

mẹttere la Sụa nel vialẹtto, Michẹle.
stellen das Ihre in_die Zufahrt, Michele.

12|15 M: Bẹne. Ci vediạmo venerdì ạlle sẹtte. Ciạo, Biạnca.
Gut. Wir uns sehen Freitag um_die sieben. Tschüss, Bianca.

12|16 B: Ciạo, Michẹle.
Tschüss, Michele.

Unità Dodici: Indicazioni

12|01 M: Sto guardando il Suo indirizzo. È difficile da trovare?

12|02 B: No affatto. Anzi, è facilissimo. È una delle strade principali di Milano. Dove sono i Suoi appuntamenti?

12|03 M: All'albergo Airone.

12|04 B: È vicino al Duomo. Allora, Lei esca dall'albergo ...

12|05 M: Va bene.

12|06 B: Ora giri a destra e prenda la prossima strada sulla Sua sinistra. Quella è la via Speronari.

12|07 M: Esatto. Ho capito.

12|08 B: E al terzo semaforo giri ancora a sinistra. Io abito lì.

12|09 M: Allora è facile!

12|10 B: Segua la strada per circa un chilometro. Prima di arrivare nell'area residenziale vedrà un palazzo. Il numero 345 è vicino ad un distributore Agip.

12|11 M: Sulla destra o sulla sinistra della strada?

12|12 B: Alla Sua sinistra. Il nostro cancello viene subito dopo l'uscita dal distributore.

12|13 M: Bene. Ho capito. Mi sembra abbastanza facile.

12|14 B: Metterò in garage la mia macchina, così può mettere la Sua nel vialetto, Michele.

12|15 M: Bene. Ci vediamo venerdì alle sette. Ciao, Bianca.

12|16 B: Ciao, Michele.

Einheit 13: Haben Sie großen Hunger?

13|01 M: Hallo, Bianca.
13|02 B: Hallo, Michele. Treten Sie doch ein.
13|03 M: Danke.
13|04 B: Punkt sieben! Ich bin verblüfft.
13|05 M: Ich bin gerne pünktlich.
13|06 B: Nehmen Sie Platz.
13|07 M: Danke. Hübsch Ihr Zuhause.
13|08 B: Danke. Kann ich Ihnen etwas zu trinken anbieten?
13|09 M: Das hängt davon ab, ob Sie Hunger haben und ob wir sofort losgehen wollen.
13|10 B: Und Sie? Haben Sie großen Hunger?
13|11 M: Nun, ich hatte keine Zeit zum Mittagessen. Mein erstes Treffen fing sofort nach dem Frühstück an und dauerte ein bisschen länger als vorgesehen, also war keine Zeit zum Mittagessen. Als ich unsere Leitung in Deutschland anrief, war der zweite Kunde schon gekommen.
13|12 B: In diesem Fall müssen Sie großen Hunger haben! Gehen wir sofort los. Wohin gehen wir?
13|13 M: Neulich sagten Sie, dass Sie die französische und die chinesische Küche mögen. Was sagen Sie dazu, wenn wir heute Abend Chinesisch essen?
13|14 B: In Ordnung. Ich liebe diese Kräcker.
13|15 M: Wussten Sie, dass sie aus Fisch gemacht sind?
13|16 B: Wirklich? Nein, das wusste ich nicht …

Dekodierte Fassung

Unità	Trẹdici:	Muọre		dạlla	fạme?
Einheit	**Dreizehn:**	**Sterben**	**Sie**	**von_dem**	**Hunger?**

13|01 M:

Ciạo,	Biạnca.
Hallo,	**Bianca.**

13|02 B:

Ciạo,	Michẹle.	Ẹntri		pụre.
Hallo,	**Michele.**	**Eintreten**	**Sie**	**doch.**

13|03 M:

Grạzie.
Danke.

13|04 B:

Le	sẹtte	in	pụnto!		Sọno	sbalordịta.
Die	**sieben**	**in**	**Punkt!**	**Ich**	**bin**	**verblüfft.**

13|05 M:

	Mi	piạce	ẹssere	puntuạle.
Es	**mir**	**gefällt**	**sein**	**pünktlich.**

13|06 B:

Si	accọmodi.	
Sich	**Platz_nehmen**	**Sie.**

13|07 M:

Grạzie.	Carịna	la	Sụa	cạsa!
Danke.	**Hübsch**	**das**	**Ihr**	**Haus!**

13|08 B: Grạzie. Pọsso offrịrLe qualcọsa da bẹre?
Danke. Kann ich anbieten_Ihnen etwas von trinken?

13|09 M: Dipẹnde dạlla fạme che ha e se vogliạmo
Das abhängt von_dem Hunger den Sie haben und ob wir wollen

uscịre sụbito.
losgehen sofort.

13|10 B: E Lẹi? Muọre dạlla fạme?
Und Sie? Sterben Sie von_dem Hunger?

13|11 M: Beh, ịo non ho avụto tẹmpo di pranzạre. Il mịo
Nun, ich nicht habe gehabt Zeit von zu_Mittag_essen. Das mein

prịmo incọntro è iniziạto sụbito dọpo colaziọne ed è
erstes Treffen ist angefangen sofort nach dem Frühstück und ist

durạto un po' più a lụngo del prevịsto, così non
gedauert ein bisschen mehr zu lange von_dem Vorgesehenen, also nicht

c'è stạto tẹmpo per il prạnzo. Quạndo ho chiamạto
da_ist gewesen Zeit für das Mittagessen. Als ich habe angerufen

la nọstra direziọne in Germạnia ẹra già arrivạto il
die unsere Leitung in Deutschland war schon angekommen der

secọndo cliẹnte.
zweite Kunde.

13|12 B: In quẹsto cạso dẹve morịre dạlla fạme! Usciạmo
In diesem Fall Sie müssen sterben von_dem Hunger! Losgehen wir

immediatamẹnte. Dọve andiạmo?
sofort. Wohin gehen wir?

13|13 M: L'ạltro giọrno ha dẹtto che Le piạce la cucịna
Neulich Sie haben gesagt dass Ihnen schmeckt die Küche

francẹse e cinẹse. Che ne dirẹbbe se
französische und chinesische. Was Sie davon sagen_würden falls

stasẹra mangiạssimo cinẹse?
heute_Abend wir essen_würden Chinesisch?

13|14 B: Va bẹne. Adọro le ciạlde.
Das geht gut. Ich liebe die Kräcker.

13|15 M: Lo sapẹva che sọno fạtte col pẹsce?
Es wussten Sie dass sie sind gemacht mit_dem Fisch?

13|16 B: Davvẹro? No, non lo sapẹvo …
Wirklich? Nein, ich nicht es wusste …

Italienische Fassung

Unità Tredici: Muore dalla fame?

13|01 M: Ciao, Bianca.
13|02 B: Ciao, Michele. Entri pure.
13|03 M: Grazie.
13|04 B: Le sette in punto! Sono sbalordita.
13|05 M: Mi piace essere puntuale.
13|06 B: Si accomodi.
13|07 M: Grazie. Carina la Sua casa!
13|08 B: Grazie. Posso offrirLe qualcosa da bere?
13|09 M: Dipende dalla fame che ha e se vogliamo uscire subito.
13|10 B: E Lei? Muore dalla fame?
13|11 M: Beh, io non ho avuto tempo di pranzare. Il mio primo incontro è iniziato subito dopo colazione ed è durato un po' più a lungo del previsto, così non c'è stato tempo per il pranzo. Quando ho chiamato la nostra direzione in Germania era già arrivato il secondo cliente.
13|12 B: In questo caso deve morire dalla fame! Usciamo immediatamente. Dove andiamo?
13|13 M: L'altro giorno ha detto che Le piace la cucina francese e cinese. Che ne direbbe se stasera mangiassimo cinese?
13|14 B: Va bene. Adoro le cialde.
13|15 M: Lo sapeva che sono fatte col pesce?
13|16 B: Davvero? No, non lo sapevo …

Einheit 14: Ein Glas Bier

14|01 B: Ich weiß, was Sie meinen … Lassen Sie mich das Licht anmachen … Treten Sie doch ein, Michele.

14|02 M: Kann ich Ihr Bad benutzen?

14|03 B: Sicher. Die Tür links von Ihnen.

14|04 M: Danke.

14|05 B: Hallo … Oh, Franco … ja, deine Mutter hat es mir gesagt … Nehmen Sie Platz, Michele … entschuldige? Nein, ich habe Gäste. Ein Freund von mir ist auf Besuch gekommen … Ja … In Ordnung. Wir sehen uns am Sontag. Grüß Mama von mir, in Ordnung … Einverstanden … Tschüss, Franco … Das war mein Neffe … Apropos, etwas zu trinken?

14|06 M: Nach all dem chinesischen Jasmintee wäre ein Bier eine Abwechslung. Haben Sie Bier im Haus?

14|07 B: Ja klar. Bevorzugen Sie es sehr kalt?

14|08 M: Nein. Kühl, aber nicht eiskalt.

14|09 B: In diesem Fall hole ich Ihnen eines aus dem Küchenschrank.

14|10 M: Lassen Sie mich Ihnen helfen … Ah, das tut gut.

14|11 B: Bedienen Sie sich doch, Michele.

14|12 M: Wenn man bedenkt, dass wir vor zwei Stunden zu Abend gegessen haben …

14|13 B: Wissen Sie, die chinesische Küche ist gut, aber ich bekomme wieder eher Hunger, als wenn ich Kartoffeln, Spaghetti oder andere Speisen, die mehr Kohlehydrate enthalten, gegessen habe.

14|14 M: Das stimmt.

Dekodierte Fassung

Unità Quattọrdici: Un bicchiẹre di bịrra
Einheit Vierzehn: Ein Glas von Bier

14|01 B: So cọsa vuọl dịre … Mi fạccia
Ich weiß was für eine Sache Sie wollen sagen … Mich machen[12] Sie

accẹndere la lụce … Ẹntri pụre, Michẹle.
anmachen das Licht … Eintreten Sie doch, Michele.

14|02 M: Pọsso usạre il Sụo bạgno?
Kann ich benutzen das Ihr Bad?

14|03 B: Sicụro. La pọrta è ạlla Sụa sinịstra.
Sicher. Die Tür ist zu_der Ihrer Linken.

14|04 M: Grạzie.
Danke.

14|05 B: Prọnto … Oh, Frạnco … sì, me l'ha dẹtto tụa mạdre … Si
Bereit … Oh, Franco … ja, mir es_hat gesagt deine Mutter … Sich

12 Statt „lassen" sagt man im Italienischen oft „machen".

accọmodi, Michẹle … scụsa? No, ho ọspiti.
Platz_nehmen Sie, Michele … entschuldige? Nein, ich habe Gäste. Es

È venụto a trovạrmi un mịo amịco … Sì … Va
ist gekommen zu finden_mich ein mein Freund … Ja … Das geht

bẹne. Ci vediạmo domẹnica. Salụtami la mạmma, va bẹne
gut. Wir uns sehen Sonntag. Grüß_mir die Mama, das geht gut

… D'accọrdo … Cịao, Frạnco … Ẹra mịo nipọte …
… Einverstanden … Tschüss, Franco … Das war mein Neffe …

A propọsito, qualcọsa da bẹre?
Apropos, etwas von trinken?

14|06 M: Dọpo tụtto quel tè cinẹse al gelsomịno ci
Nach all jenem Tee chinesischen mit_dem Jasmin es da

vorrẹbbe ụna bịrra per spezzạre. Ha bịrra in cạsa?
wollen_würde ein Bier für brechen. Haben Sie Bier in dem Haus?

14|07 B: Ma cẹrto. La preferịsce mọlto frẹdda?
Ja_klar. Es bevorzugen Sie sehr kalt?

14|08 M: No. Frẹsca ma non gelạta.
Nein. Kühl aber nicht eiskalt.

14|09 B: In quẹsto cạso Gliẹne prẹndo ụna dạlla credẹnza.
In diesem Fall ich Ihnen_davon hole eines aus_dem Küchenschrank.

14|10 M: Lạsci che L'aiụti … Ah, così va bẹne.
Lassen Sie dass ich Ihnen_helfe … Ah, so es geht gut.

14|11 B: Si sẹrva pụre, Michẹle.
Sich bedienen Sie doch, Michele.

14|12 M: Considerạto che abbiạmo cenạto dụe ọre fa …
Betrachtet dass wir haben zu_Abend_gegessen zwei Stunden her …

14|13 B: Sa, la cucịna cinẹse è buọna, ma mi ritọrna
Wissen Sie, die Küche chinesische ist gut, aber mir zurückkehrt

l'appetịto ancọra prịma di quạndo ho mangiạto patạte,
der_Appetit noch eher da‿ von wenn ich habe gegessen Kartoffeln,

spaghẹtti o ạltri cịbi che contẹngono più carboidrạti.
Spaghetti oder andere Speisen die enthalten mehr Kohlehydrate.

14|14 M: Quẹsto è vẹro.
Dies ist wahr.

Unità Quattordici: Un bicchiere di birra

14|01 B: So cosa vuol dire … Mi faccia accendere la luce … Entri pure, Michele.

14|02 M: Posso usare il Suo bagno?

14|03 B: Sicuro. La porta è alla Sua sinistra.

14|04 M: Grazie.

14|05 B: Pronto … Oh, Franco … sì, me l'ha detto tua madre … Si accomodi, Michele … scusa? No, ho ospiti. È venuto a trovarmi un mio amico … Sì … Va bene. Ci vediamo domenica. Salutami la mamma, va bene … D'accordo … Ciao, Franco … Era mio nipote … A proposito, qualcosa da bere?

14|06 M: Dopo tutto quel tè cinese al gelsomino ci vorrebbe una birra per spezzare. Ha birra in casa?

14|07 B: Ma certo. La preferisce molto fredda?

14|08 M: No. Fresca ma non gelata.

14|09 B: In questo caso Gliene prendo una dalla credenza.

14|10 M: Lasci che L'aiuti … Ah, così va bene.

14|11 B: Si serva pure, Michele.

14|12 M: Considerato che abbiamo cenato due ore fa …

14|13 B: Sa, la cucina cinese è buona, ma mi ritorna l'appetito ancora prima di quando ho mangiato patate, spaghetti o altri cibi che contengono più carboidrati.

14|14 M: Questo è vero.

Einheit 15: Multiplikationen (Anfang)

15|01 M: Ihr Neffe, der Sie angerufen hat … wie alt ist er?

15|02 B: Franco? Er ist acht Jahre alt.

15|03 M: Mag er die Schule?

15|04 B: Nein. Vor allem Mathe! Sie machen jetzt gerade das Einmaleins, und er hasst es! Sie haben gerade erst angefangen …

15|05 M: Wissen Sie, dass man die Ergebnisse des Neunereinmaleins mit den zehn Fingern berechnen kann?

15|06 B: Ich weiß, dass man mit zehn Fingern bis zehn zählen kann, aber das Neunereinmaleins geht bis 90! Wie macht man das mit zehn Fingern?

15|07 M: Das ist einfach. Ich zeig's Ihnen. Legen Sie die Hände ganz ausgestreckt auf den Tisch … so.

15|08 B: In Ordnung.

15|09 M: Jetzt nehmen wir an, dass Sie drei mal neun rechnen wollen. Fangen Sie mit Ihrem linken kleinen Finger an, und beginnen Sie zu zählen: kleiner Finger, Ringfinger, Mittelfinger: eins, zwei, drei …

15|10 B: Eins, zwei, drei … und jetzt?

15|11 M: Jetzt knicken Sie den dritten Finger unter die Hand …

15|12 B: Das ist ein bisschen schwierig … Aerobic für die Finger!

15|13 M: Die Sache ist, dass Ihre Finger nicht daran gewöhnt sind.

15|14 B: Genau. In Ordnung, der Mittelfinger ist nach unten umgeknickt …

15|15 M: Zählen Sie jetzt die ausgestreckten Finger. Wie viele Finger sehen Sie links von dem umgeknickten Finger?

15|16 B: Den kleinen Finger und den Ringfinger: zwei Finger!

15|17 M: Genau. Und wie viele Finger nach jenem, den Sie umgeknickt haben?

15|18 B: Mein linker Zeigefinger, mein linker Daumen …

15|19 M: Machen Sie mit der anderen Hand weiter!

15|20 B: Mein rechter Daumen, mein rechter Zeigefinger, mein rechter Mittelfinger, der Ringfinger und mein rechter kleiner Finger.

15|21 M: Genau. Wie viele Finger?

15|22 B: Sieben!

15|23 M: Verstanden?

15|24 B: Nein … ja! Fantastisch! Zwei Finger vor dem, den ich umgeknickt habe, und sieben auf der anderen Seite: siebenundzwanzig! Drei mal neun macht siebenundzwanzig.

Dekodierte Fassung

Unità	Quịndici:	Moltiplicaziọni	(Inịzio)
Einheit	**Fünfzehn:**	**Multiplikationen**	**(Anfang)**

15|01 M:	Quel	Sụo	nipọte	che	L'ha	chiamạta	…	quạnti	ạnni		ha?
	Jener	**Ihr**	**Neffe**	**der**	**Sie_hat**	**angerufen**	**…**	**wie_viele**	**Jahre**	**er**	**hat?**

15|02 B:	Frạnco?		Ha	ọtto	ạnni.
	Franco?	**Er**	**hat**	**acht**	**Jahre.**

15|03 M:	Gli	pịace	la	scuọla?
	Ihm	**gefällt**	**die**	**Schule?**

15|04 B: No. La matemạtica specialmẹnte! Adẹsso stạnno facẹndo la
Nein. Die Mathematik vor_allem! Jetzt sie stehen machend das

tạvola pitagọrica, e lụi la ọdia! Hạnno appẹna iniziạto …
Einmaleins, und er es hasst! Sie haben gerade_erst angefangen …

15|05 M: Sa che si può calcolạre il risultạto dẹlla
Wissen Sie dass sich kann berechnen das Ergebnis von_dem

tabellịna del nọve con le dięci dịta?
Neunereinmaleins mit den zehn Fingern?

15|06 B: So che si può contạre fịno a dięci con le dięci dịta,
Ich weiß dass sich kann zählen bis zu zehn mit den zehn Fingern,

ma la tabellịna del nọve arrịva fịno a 90! Cọme si fa con
aber das Neunereinmaleins ankommt bis zu 90! Wie sich macht mit

dięci dịta?
zehn Fingern?

15|07 M: È sẹmplice. Le fạccio vedẹre. Mẹtta le mạni ben
Das ist einfach. Ich Sie mache sehen. Legen Sie die Hände gut

distẹse sul tạvolo … così.
ausgestreckt auf_den Tisch … so.

15|08 B: Va bẹne.
Das geht gut.

15|09 M: Ọra supponiạmo che vuọle fạre: tre per nọve.
Jetzt annehmen wir dass Sie wollen machen: drei mal neun.

Inịzi dal Sụo mịgnolo sinịstro e incomịnci
Anfangen Sie von_dem Ihrem kleinen_Finger linken und beginnen Sie

a contạre: mịgnolo, anulạre, mẹdio: ụno, dụe, tre …
zu zählen: kleiner_Finger, Ringfinger, Mittelfinger: eins, zwei, drei …

15|10 B: Ụno, dụe, tre … e ọra?
Eins, zwei, drei … und jetzt?

15|11 M: Ọra pięghi il tẹrzo dịto sọtto la mạno …
Jetzt umknicken Sie den dritten Finger unter die Hand …

15|12 B: È un po' diffịcile … Aerọbica per le dịta!
Das ist ein bisschen schwierig … Aerobic für die Finger!

15|13 M: Il fạtto è che le Sụe dịta non ci sọno abituạte.
Die Sache ist dass die Ihre Finger nicht daran sind gewöhnt.

15|14 B: Esạtto. Va bẹne, il mẹdio è piegạto sọtto …
Genau. Es geht gut, der Mittelfinger ist umgeknickt nach_unten …

15|15 M: Ọra cọnti le dịta distẹse. Ạlla sinịstra del
Jetzt zählen Sie die Finger ausgestreckten. Auf_der Linken von_dem

dịto piegạto, quạnte dịta vẹde?
Finger umgeknickten, wie_viele Finger Sie sehen?

15|16 B: Il mịgnolo e l'anulạre: dụe dịta!
Den kleinen_Finger und den_Ringfinger: zwei Finger!

15|17 M: Esattamẹnte. E quạnte dịta dọpo quẹllo che ha piegạto?
Genau. Und wie_viele Finger nach jenem den Sie haben umgeknickt?

15|18 B: Il mịo ịndice sinịstro, il mịo pọllice sinịstro …
Der mein Zeigefinger linker, der mein Daumen linker …

15|19 M: Continui con l'ạltra mạno!
Weitermachen Sie mit der_anderen Hand!

15|20 B: Il mịo pọllice dẹstro, il mịo ịndice dẹstro, il mịo
Der mein Daumen rechter, der mein Zeigefinger rechter, der mein

mẹdio dẹstro, l'anulạre e il mịo mịgnolo dẹstro.
Mittelfinger rechter, der_Ringfinger und der mein kleiner_Finger rechter.

15|21 M: Esạtto. Quạnte dịta?
Genau. Wie_viele Finger?

15|22 B: Sẹtte!
Sieben!

15|23 M: Capịto?
Verstanden?

15|24 B: No … sì! Fantạstico! Dụe dịta prịma di quẹllo che ho
Nein … ja! Fantastisch! Zwei Finger davor von jenem den ich habe

piegạto e sẹtte dall'ạltra pạrte: ventisẹtte! Tre per
umgeknickt und sieben von_der_anderen Seite: zwanzig_sieben! Drei mal

nọve fa ventisẹtte.
neun macht zwanzig_sieben.

Italienische Fassung

Unità Quindici: Moltiplicazioni (Inizio)

15|01 M: Quel Suo nipote che L'ha chiamata … quanti anni ha?
15|02 B: Franco? Ha otto anni.
15|03 M: Gli piace la scuola?
15|04 B: No. La matematica specialmente! Adesso stanno facendo la tavola pitagorica, e lui la odia! Hanno appena iniziato …
15|05 M: Sa che si può calcolare il risultato della tabellina del nove con le dieci dita?
15|06 B: So che si può contare fino a dieci con le dieci dita, ma la tabellina del nove arriva fino a 90 ! Come si fa con dieci dita?
15|07 M: È semplice. Le faccio vedere. Metta le mani ben distese sul tavolo … così.
15|08 B: Va bene.
15|09 M: Ora supponiamo che vuole fare: tre per nove. Inizi dal Suo mignolo sinistro e incominci a contare: mignolo, anulare, medio: uno, due, tre …
15|10 B: Uno, due, tre … e ora?
15|11 M: Ora pieghi il terzo dito sotto la mano …
15|12 B: È un po' difficile … Aerobica per le dita!
15|13 M: Il fatto è che le Sue dita non ci sono abituate.
15|14 B: Esatto. Va bene, il medio è piegato sotto …
15|15 M: Ora conti le dita distese. Alla sinistra del dito piegato, quante dita vede?
15|16 B: Il mignolo e l'anulare: due dita!
15|17 M: Esattamente. E quante dita dopo quello che ha piegato?
15|18 B: Il mio indice sinistro, il mio pollice sinistro …
15|19 M: Continui con l'altra mano!
15|20 B: Il mio pollice destro, il mio indice destro, il mio medio destro, l'anulare e il mio mignolo destro.
15|21 M: Esatto. Quante dita?
15|22 B: Sette!
15|23 M: Capito?
15|24 B: No … sì! Fantastico! Due dita prima di quello che ho piegato e sette dall'altra parte: ventisette! Tre per nove fa ventisette.

Einheit 16: Multiplikationen (Ende)

16|01 B: Versuchen wir es noch einmal!

16|02 M: Versuchen Sie sechs mal neun!

16|03 B: In Ordnung, ich fange mit meinem linken kleinen Finger an. Eins, zwei, drei, vier, fünf, sechs! Der letzte Finger wird nach unten umgeknickt. Jetzt zählen wir. Ich sehe fünf Finger vor meinem umgeknickten Daumen, und ich sehe vier Finger auf der anderen Seite.

16|04 M: Das macht vierundfünfzig. Sechs mal neun macht vierundfünfzig!

16|05 B: Das ist super! Versuchen wir es noch einmal. Versuchen wir neun mal neun.

16|06 M: Fangen Sie mit Ihrem linken kleinen Finger an … Eins, zwei, drei, vier, fünf, sechs, sieben, acht, neun …

16|07 B: Neun ist mein rechter Ringfinger. Ich knicke ihn nach unten um …

16|08 M: Jetzt sehen Sie: acht Finger vor und einer rechts von dem umgeknickten Ringfinger. Also neun mal neun …

16|09 B: … macht einundachtzig. Oh, Franco wird es sehr mögen! Am Sonntag zeige ich es ihm.

16|10 M: Alle Kinder mögen es. Und nachdem Sie es ihm gezeigt haben, wird er es all seinen Freunden zeigen wollen. Er wird es jedem zeigen, der Lust zu spielen hat. So wird er ständig das Neunereinmaleins üben …

16|11 B: … und hat Spaß dabei. Es ist nicht wie in der Schule. Es ist ein Spiel!

16|12 M: Schade, dass man in der Schule gewisse Spiele nicht nutzt. Dann würden Kinder wie Ihr Neffe nie so weit kommen, Mathe zu hassen …

16|13 B: … oder jedes andere Fach. Ich hasste Grammatik in der Schule. Kennen Sie kein gutes Grammatikspiel?

16|14 M: Eigentlich schon.

Dekodierte Fassung

Unità Sẹdici: Moltiplicaziọni (Fịne)
Einheit Sechzehn: Multiplikationen (Ende)

16|01 B: Proviạmo ancọra!
Versuchen wir noch_mal!

16|02 M: Prọvi sẹi per nọve!
Versuchen Sie sechs mal neun!

16|03 B: Va bẹne, inịzio dal mịo mịgnolo sinịstro.
Das geht gut, ich anfange von_dem meinem kleinen_Finger linken.

Ụno, dụe, tre, quạttro, cịnque, sẹi! L'ụltimo dịto si piẹga
Eins, zwei, drei, vier, fünf, sechs! Der_letzte Finger sich umknickt

sọtto. Ọra contiạmo. Vẹdo cịnque dịta prịma del
nach_unten. Jetzt zählen wir. Ich sehe fünf Finger davor von_dem

mịo pọllice piegạto e vẹdo quạttro dịta
meinem Daumen umgeknickten und ich sehe vier Finger

dall'ạltra pạrte.
von_der_anderen Seite.

16|04 M: Vạle a dịre cinquantaquạttro. Sẹi per nọve fa cinquantaquạttro!
Das_heißt fünfzig_vier. Sechs mal neun macht fünfzig_vier!

16|05 B: È tremẹndo. Riproviạmo un'ạltra vọlta.
Das ist ungeheuerlich. Noch_mal_versuchen wir ein_weiteres Mal.

Proviạmo nọve per nọve.
Versuchen wir neun mal neun.

16|06 M: Iniziạndo dal Sụo mịgnolo sinịstro … Ụno, dụe, tre,
Anfangend von_dem Ihrem kleinen_Finger linken … Eins, zwei, drei,

quạttro, cịnque, sẹi, sẹtte, ọtto, nọve …
vier, fünf, sechs, sieben, acht, neun …

16|07 B: Nọve è il mịo anulạre dẹstro. Lo piẹgo sọtto …
Neun ist der mein Ringfinger rechter. Ich ihn umknicke nach_unten …

16|08 M: Ọra vẹde: ọtto dịta prịma e ụno ạlla dẹstra
Jetzt sehen Sie: acht Finger davor und einer auf_der Rechten

dell'anulạre piegạto. Così nọve per nọve …
von_dem_Ringfinger umgeknickten. Also neun mal neun …

16|09 B: … fa ottantụno. Oh, a Frạnco piacerà mọlto! Domẹnica
… macht achtzig_eins. Oh, zu Franco es gefallen_wird sehr! Sonntag

gliẹlo fạccio vedẹre.
ich ihm_es mache sehen.

16|10 M: Pịace a tụtti i bambịni. E dọpo che gliẹlo ha
Es gefällt zu all den Kindern. Und danach dass Sie ihm_es haben

fạtto vedẹre vorrà fạrlo vedẹre a tụtti i sụoi
gemacht sehen er wollen_wird machen_es sehen zu all den seinen

amịci. Lo farà vedẹre a chiụnque ạbbia vọglia di
Freunden. Er es machen_wird sehen zu jedem der hat Lust von

giocạre. Così eserciterà costantemẹnte la tabellịna del nọve …
spielen. So er üben_wird ständig das Neunereinmaleins …

16|11 B: … e nel frattẹmpo si divẹrte. Non è cọme a
… und in_der Zwischenzeit er sich vergnügt. Es nicht ist wie in

scuọla. È un giọco!
der Schule. Es ist ein Spiel!

16|12 M:

Peccạto	che	a		scuọla		non	utilịzzino	cẹrti	giọchi!	Allọra
Schade	**dass**	**in**	**der**	**Schule**	**sie**	**nicht**	**nutzen**	**gewisse**	**Spiele!**	**Dann**

i	bambịni	cọme	Sụo	nipọte	non	arriverẹbbero	mại	ad
die	**Kinder**	**wie**	**Ihr**	**Neffe**	**nicht**	**ankommen_würden**	**niemals**	**zu**

odiạre	la	matemạtica	…
hassen	**die**	**Mathematik**	**…**

16|13 B:

…	o	ọgni	ạltra	matẹria.	A		scuọla		odiạvo	la
…	**oder**	**jedes**	**andere**	**Fach.**	**In**	**der**	**Schule**	**ich**	**hasste**	**die**

grammạtica.	Non	conọsce		un	buọn	giọco	sụlla	grammạtica?
Grammatik.	**Nicht**	**kennen**	**Sie**	**ein**	**gutes**	**Spiel**	**über_die**	**Grammatik?**

16|14 M:

A dịre il vẹro	sì.
Eigentlich	**ja.**

Italienische Fassung

Unità Sedici: Moltiplicazioni (Fine)

16|01 B: Proviamo ancora!

16|02 M: Provi sei per nove!

16|03 B: Va bene, inizio dal mio mignolo sinistro. Uno, due, tre, quattro, cinque, sei! L'ultimo dito si piega sotto. Ora contiamo. Vedo cinque dita prima del mio pollice piegato e vedo quattro dita dall'altra parte.

16|04 M: Vale a dire cinquantaquattro. Sei per nove fa cinquantaquattro!

16|05 B: È tremendo. Riproviamo un'altra volta. Proviamo nove per nove.

16|06 M: Iniziando dal Suo mignolo sinistro … Uno, due, tre, quattro, cinque, sei, sette, otto, nove …

16|07 B: Nove è il mio anulare destro. Lo piego sotto …

16|08 M: Ora vede: otto dita prima e uno alla destra dell'anulare piegato. Così nove per nove …

16|09 B: … fa ottantuno. Oh, a Franco piacerà molto! Domenica glielo faccio vedere.

16|10 M: Piace a tutti i bambini. E dopo che glielo ha fatto vedere vorrà farlo vedere a tutti i suoi amici. Lo farà vedere a chiunque abbia voglia di giocare. Così eserciterà costantemente la tabellina del nove …

16|11 B: … e nel frattempo si diverte. Non è come a scuola. È un gioco!

16|12 M: Peccato che a scuola non utilizzino certi giochi! Allora i bambini come Suo nipote non arriverebbero mai ad odiare la matematica …

16|13 B: … o ogni altra materia. A scuola odiavo la grammatica. Non conosce un buon gioco sulla grammatica?

16|14 M: A dire il vero sì.

Einheit 17: Ein Grammatikspiel

17|01 M: Nehmen wir an, dass Sie praktische Kenntnisse der verschiedenen Wortarten entwickeln müssen wie Nomen, Verben, Adverbien …

17|02 B: Ja! Das erinnert mich an die Schule! Ich hasste Grammatik!

17|03 M: Gut, als ich klein war, spielte meine Mutter gewöhnlich ein Spiel mit mir. Es ist ein Spiel, mit dem man gute Kenntnisse der grammatikalischen Funktionen ohne irgendwelche formale Grammatik erwirbt. Ich zeige es Ihnen. Nehmen wir zum Beispiel Nomen.

17|04 B: Ich kann nicht glauben, dass Nomen Spaß machen.

17|05 M: Warten Sie, und Sie werden sehen. Wir werden Sätze bilden, die eine kleine Geschichte erzählen. Ich sage alle anderen Worte, und Sie geben mir die Nomen … Lassen Sie mich nachdenken … In Ordnung. Bereit?

17|06 B: Wir werden sehen. Los geht's.

17|07 M: Gestern Morgen ging ein … Sie sind dran, Bianca!

17|08 B: Ah, entschuldigen Sie. Äh … Gestern Morgen ging ein Mann …

17|09 M: … zum …

17|10 B: … Laden …

17|11 M: … weil er …

17|12 B: … Bücher …

17|13 M: … kaufen wollte und einige …

17|14 B: … Ansichtskarten …

17|15 M: … Plötzlich sah er ein niedliches …

17|16 B: … Kätzchen …

17|17 M: … das sich versteckt hatte hinter den …

17|18 B: … Regalen …

17|19 M: … des …

17|20 B: … Ladens. Ja, ich weiß, was Sie meinen. Mit einem solchen Spiel entwickeln Kinder Kenntnisse der verschiedenen Wortarten, während sie ein kreatives Spiel spielen.

17|21 M: Ich hatte in der Schule nie Probleme mit Grammatik, und ich bin sicher, dass der Grund teilweise dieses Spiel war. Ich hatte Spaß daran, es zu spielen, und meine Freunde auch. Es lief stundenlang, und wir erfanden Geschichten, die nebenbei auch eine gute Vorbereitung darauf waren, dann in der Schule Aufsätze zu schreiben.

Dekodierte Fassung

Unità	Diciassẹtte:	Un	giọco	di	grammạtica
Einheit	**Siebzehn:**	**Ein**	**Spiel**	**von**	**Grammatik**

17|01 M:

Mettiạmo		che	Lẹi	dẹbba	sviluppạre	ụna	conoscẹnza	prạtica
Annehmen	**wir**	**dass**	**Sie**	**müssen**	**entwickeln**	**eine**	**Kenntnis**	**praktische**

dẹi	divẹrsi	tịpi	di	parọle,	cọme	nọmi,	vẹrbi,
von_den	**verschiedenen**	**Typen**	**von**	**Worten,**	**wie**	**Nomen,**	**Verben,**

avvẹrbi	…
Adverbien	**…**

17|02 B:

Sì!		Mi	ricọrda		la	scuọla!		Odiạvo	la	grammạtica!
Ja!	**Das**	**mich**	**erinnert**	**an**	**die**	**Schule!**	**Ich**	**hasste**	**die**	**Grammatik!**

17|03 M: Bẹne, quand'ẹro pịccolo mịa mạdre ẹra sọlita fạre un giọco
Gut, als_ich_war klein meine Mutter war gewohnt machen ein Spiel

con me. È un giọco con cụi si ottiẹne ụna buọna conoscẹnza
mit mir. Es ist ein Spiel mit dem sich erwirbt eine gute Kenntnis

dẹlle funziọni grammaticạli sẹnza alcụna grammạtica
von_den Funktionen grammatikalischen ohne irgendwelche Grammatik

formạle. Gliẹlo dimọstro. Prendiạmo i nọmi, per esẹmpio.
formale. Ich Ihnen_es zeige. Nehmen wir die Nomen, für Beispiel.

17|04 B: Non riẹsco a crẹdere che i nọmi sịano divertẹnti.
Ich nicht schaffe zu glauben dass die Nomen seien vergnüglich.

17|05 M: Aspẹtti e vedrà. Creerẹmo dẹlle frạsi
Warten Sie und Sie sehen_werden. Wir bilden_werden von_den Sätzen

che racconterạnno ụna storiẹlla. Ịo dirò tụtte le
die erzählen_werden eine kleine_Geschichte. Ich sagen_werde all die

ạltre parọle e Lẹi mi darà i nọmi … Mi
anderen Worte und Sie mir geben_werden die Nomen … Mich

fạccia pensạre … Va bẹne. Prọnta?
machen Sie nachdenken … Es geht gut. Bereit?

17|06 B: Vediạmo. Vạda avạnti.
Sehen wir. Gehen Sie voran.

17|07 M: Iẹri mattịna un … Tọcca a Lẹi, Biạnca!
Gestern Morgen ein … Es trifft auf Sie, Bianca!

17|08 B: Ah, scụsi. Ehm … Iẹri mattịna un uọmo …
Ah, entschuldigen Sie. Äh … Gestern Morgen ein Mann …

17|09 M: … è andạto al …
… ist gegangen zu_dem …

17|10 B: … negọzio …
… Laden …

17|11 M: … perché volẹva comprạre dẹi …
… weil er wollte kaufen von_den …

17|12 B: … lịbri …
… Büchern …

17|13 M: … e alcụne …
… und einige …

17|14 B: … cartolịne …
… Ansichtskarten …

17|15 M: … All’improvvịso ha vịsto un graziọso …
… Plötzlich er hat gesehen ein niedliches …

17|16 B: … gattịno …
… Kätzchen …

17|17 M: … che si ẹra nascọsto diẹtro gli …
… das sich war versteckt hinter den …

17|18 B: … scaffạli …
… Regalen …

17|19 M: … del …
… von_dem …

17|20 B: … negọzio. Sì, so cọsa vuọl dịre. Con
… Laden. Ja, ich weiß was für eine Sache Sie wollen sagen. Mit

un giọco così i bambịni svilupperạnno ụna conoscẹnza dẹlle
einem Spiel so die Kinder entwickeln_werden eine Kenntnis von_den

divẹrse pạrti del discọrso, facẹndo un giọco creatịvo.
verschiedenen Wortarten, machend ein Spiel kreatives.

17|21 M: Non ho mại avụto problẹmi di grammạtica a scuọla
Ich nicht habe niemals gehabt Probleme von Grammatik in der Schule

e sọno sicụro che il motịvo risiẹda in pạrte in quẹsto giọco.
und ich bin sicher dass der Grund besteht teilweise in diesem Spiel.

Mi ci divertịvo a giocạre, e ạnche i miẹi amịci.
Ich mich daran vergnügte zu spielen, und auch die meine Freunde.

Si andạva avạnti per ọre, inventạndo stọrie che
Das sich ging voran stundenlang, erfindend Geschichten die

casualmẹnte ẹrano ạnche ụna buọna preparaziọne per scrịvere pọi
nebenbei waren auch eine gute Vorbereitung für schreiben dann

tẹmi a scuọla.
Aufsätze in der Schule.

Italienische Fassung

Unità Diciassette: Un gioco di grammatica

17|01 M: Mettiamo che Lei debba sviluppare una conoscenza pratica dei diversi tipi di parole, come nomi, verbi, avverbi …

17|02 B: Sì! Mi ricorda la scuola! Odiavo la grammatica!

17|03 M: Bene, quand'ero piccolo mia madre era solita fare un gioco con me. È un gioco con cui si ottiene una buona conoscenza delle funzioni grammaticali senza alcuna grammatica formale. Glielo dimostro. Prendiamo i nomi, per esempio.

17|04 B: Non riesco a credere che i nomi siano divertenti.

17|05 M: Aspetti e vedrà. Creeremo delle frasi che racconteranno una storiella. Io dirò tutte le altre parole e Lei mi darà i nomi … Mi faccia pensare … Va bene. Pronta?

17|06 B: Vediamo. Vada avanti.

17|07 M: Ieri mattina un … Tocca a Lei, Bianca!

17|08 B: Ah, scusi. Ehm … Ieri mattina un uomo …

17|09 M: … è andato al …

17|10 B: … negozio …

17|11 M: … perché voleva comprare dei …

17|12 B: … libri …

17|13 M: … e alcune …

17|14 B: … cartoline …

17|15 M: … All'improvviso ha visto un grazioso …

17|16 B: … gattino …

17|17 M: … che si era nascosto dietro gli …

17|18 B: … scaffali …

17|19 M: … del …

17|20 B: … negozio. Sì, so cosa vuol dire. Con un gioco così i bambini svilupperanno una conoscenza delle diverse parti del discorso, facendo un gioco creativo.

17|21 M: Non ho mai avuto problemi di grammatica a scuola e sono sicuro che il motivo risieda in parte in questo gioco. Mi ci divertivo a giocare, e anche i miei amici. Si andava avanti per ore, inventando storie che casualmente erano anche una buona preparazione per scrivere poi temi a scuola.

Einheit 18: Annäherungen (Anfang)

18|01 B: Ich werde dieses Spiel mit Franco am Sonntag spielen, und dann werde ich ihm zeigen, wie man das Neunereinmaleins anwendet, indem man seine Finger benutzt.

18|02 M: Ich wäre gerne dabei, um zu sehen, wie er reagiert.

18|03 B: Warum kommen Sie nicht, Michele? Sind Sie am Sonntag noch hier?

18|04 M: Vielleicht. Ich erwarte ein Fax von einem meiner Geschäftskollegen. Eigentlich müsste es schon in meinem Hotel angekommen sein. Wenn er mich am Montag sehen will, werde ich sicher bleiben.

18|05 B: Das würde mir Spaß machen! Wann werden Sie es wissen?

18|06 M: Sobald ich im Hotel ankomme. Oder ich kann auch jetzt anrufen. Kann ich Ihr Telefon benutzen?

18|07 B: Sicher. Fühlen Sie sich wie zu Hause.

18|08 M: Ja, ich bin Michele Mazzini, Zimmer 225. Ich erwarte ein Fax; könnten Sie nachsehen, ob … es ist angekommen? Wunderbar! Würden Sie es mir bitte vorlesen? … Ah … mmmh … Gut. Vielen Dank. Auf Wiedersehen.

18|09 B: Kommt er am Montag?

18|10 M: Ja. Das bedeutet, dass wir uns an diesem Wochenende oft sehen können, wenn Sie wollen …

18|11 B: Das wäre schön. Ich verbringe gerne Zeit mit Ihnen.

18|12 M: Ich auch.

18|13 B: Oh, auch Sie verbringen gerne Zeit mit sich selbst?

18|14 M: Nun, Sie wissen, was ich meine.

18|15 B: Sagen Sie es mir.

18|16 M: Wissen Sie, ich finde Sie sehr nett. Ich bin gerne in Ihrer Gesellschaft. Ich glaube, dass wir viel gemeinsam haben.

18|17 B: Ich mag Sie auch, Michele. Sie sind ein interessanter Mann.

Dekodierte Fassung

Unità Diciọtto: Apprọcci (Inịzio)
Einheit Achtzehn: Annäherungen (Anfang)

18|01 B: Domẹnica farò quẹsto giọco con Frạnco, e pọi
Sonntag ich machen_werde dieses Spiel mit Franco, und dann ich

gli farò vedẹre cọme applicạre la tabellịna del nọve
ihm machen_werde sehen wie anwenden das Neunereinmaleins

usạndo le dịta.
benutzend die Finger.

18|02 M: Mi piacerẹbbe ẹsserci per vedẹre cọme reagịsce.
Es mir gefallen_würde sein_da für sehen wie er reagiert.

18|03 B: Perché non viẹne, Michẹle? È ancọra qui domẹnica?
Warum Sie nicht kommen, Michele? Sind Sie noch hier Sonntag?

18|04 M: Può dạrsi. Aspẹtto un fax da ụno dẹi miẹi collẹghi
Vielleicht. Ich erwarte ein Fax von einem von_den meinen Kollegen

d'affạri. Per la verità dovrẹbbe ẹssere già arrivạto
von_Geschäften. Eigentlich es müsste sein schon angekommen

nel mịo albẹrgo! Se vorrà vedẹrmi lunedì
in_dem meinem Hotel! Falls er wollen_wird sehen_mich Montag ich

rimarrò sicuramẹnte.
bleiben_werde sicher.

18|05 B: Mi farẹbbe piacẹre! Quạndo lo saprà?
Das mir machen_würde Vergnügen! Wann Sie es wissen_werden?

18|06 M: Appẹna arriverò in albẹrgo. O pọsso chiamạre
Sobald ich ankommen_werde in dem Hotel. Oder ich kann anrufen

ạnche adẹsso. Pọsso usạre il Sụo telẹfono?
auch jetzt. Kann ich benutzen das Ihr Telefon?

18|07 B: Cẹrto. Si consịderi a cạsa Sụa.
Sicher. Sich betrachten Sie in Haus Ihrem.

18|08 M: Sì, sọno Michẹle Mazzịni, stạnza 225. Aspẹtto un fax;
Ja, ich bin Michele Mazzini, Zimmer 225. Ich erwarte ein Fax;

potrẹbbe vedẹre se … è arrivạto? Magnịfico! Le
könnten Sie nachsehen ob … es ist angekommen? Wunderbar! Ihnen

dispiacerẹbbe lẹggermelo? … Ah … mmmh … Bẹne. Tạnte
missfallen_würde vorlesen_es_mir? … Ah … mmmh … Gut. Vielen

grạzie. Arrivedẹrci.
Dank. Auf_Wiedersehen_uns.

18|09 B: Viẹne lunedì?
Kommt er Montag?

18|10 M: Sì. Il che signịfica che ci possiạmo vedẹre spẹsso, quẹsto
Ja. Das was bedeutet dass wir uns können sehen oft, dieses

fịne settimạna, se vuọle …
Wochenende, falls Sie wollen …

18|11 B: Sarẹbbe bẹllo! Mi piạce passạre il tẹmpo con Lẹi.
Das wäre schön! Es mir gefällt verbringen die Zeit mit Ihnen.

18|12 M: Ạnche a me.
Auch zu mir.

18|13 B: Oh, ạnche a Lẹi piạce passạre il tẹmpo con se stẹsso?
Oh, auch zu Ihnen gefällt verbringen die Zeit mit sich selbst?

18|14 M: Beh, Lẹi sa quẹllo che vọglio dịre.
Nun, Sie wissen jenes was ich will sagen.

18|15 B: Mi dịca.
Mir sagen Sie.

18|16 M: Sa, ịo La trọvo mọlto carịna. Mi pịace la Sụa
Wissen Sie, ich Sie finde sehr nett. Mir gefällt die Ihre

compagnịa. Crẹdo che abbịamo mọlto in comụne.
Gesellschaft. Ich glaube dass wir haben viel gemeinsam.

18|17 B: Ạnche Lẹi mi pịace, Michẹle. È un uọmo interessạnte.
Auch Sie mir gefallen, Michele. Sie sind ein Mann interessanter.

Italienische Fassung

Unità Diciotto: Approcci (Inizio)

18|01 B: Domenica farò questo gioco con Franco, e poi gli farò vedere come applicare la tabellina del nove usando le dita.
18|02 M: Mi piacerebbe esserci per vedere come reagisce.
18|03 B: Perché non viene, Michele? È ancora qui domenica?
18|04 M: Può darsi. Aspetto un fax da uno dei miei colleghi d'affari. Per la verità dovrebbe essere già arrivato nel mio albergo! Se vorrà vedermi lunedì rimarrò sicuramente.
18|05 B: Mi farebbe piacere! Quando lo saprà?
18|06 M: Appena arriverò in albergo. O posso chiamare anche adesso. Posso usare il Suo telefono?
18|07 B: Certo. Si consideri a casa Sua.
18|08 M: Sì, sono Michele Mazzini, stanza 225. Aspetto un fax; potrebbe vedere se … è arrivato? Magnifico! Le dispiacerebbe leggermelo? … Ah … mmmh … Bene. Tante grazie. Arrivederci.
18|09 B: Viene lunedì?
18|10 M: Sì. Il che significa che ci possiamo vedere spesso, questo fine settimana, se vuole …
18|11 B: Sarebbe bello! Mi piace passare il tempo con Lei.
18|12 M: Anche a me.
18|13 B: Oh, anche a Lei piace passare il tempo con se stesso?
18|14 M: Beh, Lei sa quello che voglio dire.
18|15 B: Mi dica.
18|16 M: Sa, io La trovo molto carina. Mi piace la Sua compagnia. Credo che abbiamo molto in comune.
18|17 B: Anche Lei mi piace, Michele. È un uomo interessante.

Einheit 19: Annäherungen (Ende)

19|01 M: Wissen Sie, es ist seltsam, aber ich mochte Sie sofort.

19|02 B: Was ist daran seltsam?

19|03 M: Entschuldigen Sie. Ich habe das nicht so gemeint. Ich wollte sagen, es ist seltsam, dass man eine Person in der Regel entweder sofort oder nie mag. Bisher kenne ich nur wenige Ausnahmen.

19|04 B: Ich stimme Ihnen zu. Weil wenn wir eine Person mögen, wollen wir sie wiedertreffen und besser kennenlernen. Wenn wir aber eine Person nicht besonders mögen, dann versuchen wir nicht, sie besser kennenzulernen.

19|05 M: Ja, der erste Eindruck kann entscheidend sein, Bianca. Und mein erster Eindruck von Ihnen war von Anfang an wirklich gut.

19|06 B: Welche Sache haben Sie als erste an mir bemerkt?

19|07 M: Ihr Lächeln!

19|08 B: Wirklich?!

19|09 M: Warum überrascht Sie das, Bianca?

19|10 B: Ich dachte, dass Männer zuerst andere Dinge anschauen würden.

19|11 M: Wie was?

19|12 B: Nun, wie Körperkurven …

19|13 M: Einige vielleicht schon. Tatsächlich machen es viele Männer. Aber mich ziehen Gesichter an. Nicht nur, wenn sie schön sind, und Ihr Gesicht ist schön …

19|14 B: Danke, Michele.

19|15 M: Sehen Sie, mir gefällt ein Gesicht, das Persönlichkeit zeigt. Mit anderen Worten, ein Gesicht, das die Person hinter dem Gesicht widerspiegelt. Wissen Sie, was ich meine?

19|16 B: Ich glaube schon.

Dekodierte Fassung

	Unità	Diciannọve:	Apprọcci	(Fịne)
	Einheit	**Neunzehn:**	**Annäherungen**	**(Ende)**

19|01 M:	Sa,			è	strạno,	ma	Lẹi	mi	è	piaciụta	sụbito.
	Wissen	**Sie,**	**es**	**ist**	**seltsam,**	**aber**	**Sie**	**mir**	**sind**	**gefallen**	**sofort.**

19|02 B:				Cọsa	c'è	di	strạno?
	Was	**für**	**eine**	**Sache**	**da_ist**	**von**	**Seltsamem?**

19|03 M:	Mi	scụsi.			Non	volẹvo	dịre	quẹllo.		Volẹvo	dịre
	Mich	**entschuldigen**	**Sie.**	**Ich**	**nicht**	**wollte**	**sagen**	**jenes.**	**Ich**	**wollte**	**sagen**

	che		è	strạno	che	cọme	rẹgola	ụna	persọna	piạccia	o
	dass	**es**	**ist**	**seltsam**	**dass**	**als**	**Regel**	**eine**	**Person**	**gefällt**	**entweder**

	sụbito	o	mại.	Finọra		ho	conosciụto	pọche	eccezịoni.
	sofort	**oder**	**niemals.**	**Bisher**	**ich**	**habe**	**gekannt**	**wenige**	**Ausnahmen.**

19|04 B:		Sọno	d'accọrdo	con	Lẹi.	Perché	se	le	persọne	ci
	Ich	**bin**	**einverstanden**	**mit**	**Ihnen.**	**Weil**	**falls**	**die**	**Personen**	**uns**

piạcciono vogliạmo incontrạrle di nuọvo e conọscerle mẹglio.
gefallen wir wollen treffen_sie wieder und kennenlernen_sie besser.

Ma se ụna persọna non ci piạce in maniẹra particolạre pọi
Aber falls eine Person nicht uns gefällt in Art besonderer dann

non cerchiạmo di conọscerla mẹglio.
wir nicht versuchen von kennenlernen_sie besser.

19|05 M: Sì, la prịma impressiọne può ẹssere decisịva, Biạnca. E la
Ja, der erste Eindruck kann sein entscheidend, Bianca. Und der

mịa prịma impressiọne di Lẹi è stạta veramẹnte buọna,
mein erster Eindruck von Ihnen ist gewesen wirklich gut,

fin dall'inịzio.
seit_dem_Anfang.

19|06 B: Qual è stạta la prịma cọsa che ha notạto di me?
Welche ist gewesen die erste Sache die Sie haben bemerkt von mir?

19|07 M: Il Sụo sorrịso!
Das Ihr Lächeln!

19|08 B: Veramẹnte?!
Wirklich?!

19|09 M: Perché La sorprẹnde, Biạnca?
Warum das Sie überrascht, Bianca?

19|10 B: Pensạvo che gli uọmini prịma guardạssero ạltre cọse.
Ich dachte dass die Männer zuerst anschauen_würden andere Dinge.

19|11 M: Cọme cọsa?
Wie was für eine Sache?

19|12 B: Beh, cọme le cụrve del cọrpo …
Nun, wie die Kurven von_dem Körper …

19|13 M: Alcụni fọrse sì. Effettivamẹnte mọlti uọmini lo fạnno. Ma
Einige vielleicht schon. Tatsächlich viele Männer es machen. Aber

ịo sọno attrạtto dại vịsi. Non sọlo se sọno bẹlli,
ich bin angezogen von_den Gesichtern. Nicht nur falls sie sind schön,

e il Sụo vịso è bẹllo …
und das Ihr Gesicht ist schön …

19|14 B: Grạzie, Michẹle.
Danke, Michele.

19|15 M: Vẹde, a me piạce un vịso che mọstri personalità. In
Sehen Sie, zu mir gefällt ein Gesicht das zeigt Persönlichkeit. In

ạltre parọle un vịso che riflẹtta la persọna diẹtro il
anderen Worten ein Gesicht das widerspiegelt die Person hinter dem

vọlto. Sa cọsa vọglio dịre?
Gesicht. Wissen Sie was für eine Sache ich will sagen?

19|16 B: Crẹdo di sì.
Ich glaube von ja.

Italienische Fassung

Unità Diciannove: Approcci (Fine)

19|01 M: Sa, è strano, ma Lei mi è piaciuta subito.
19|02 B: Cosa c'è di strano?
19|03 M: Mi scusi. Non volevo dire quello. Volevo dire che è strano che come regola una persona piaccia o subito o mai. Finora ho conosciuto poche eccezioni.
19|04 B: Sono d'accordo con Lei. Perché se le persone ci piacciono vogliamo incontrarle di nuovo e conoscerle meglio. Ma se una persona non ci piace in maniera particolare poi non cerchiamo di conoscerla meglio.
19|05 M: Sì, la prima impressione può essere decisiva, Bianca. E la mia prima impressione di Lei è stata veramente buona, fin dall'inizio.
19|06 B: Qual è stata la prima cosa che ha notato di me?
19|07 M: Il Suo sorriso!
19|08 B: Veramente?!
19|09 M: Perché La sorprende, Bianca?
19|10 B: Pensavo che gli uomini prima guardassero altre cose.
19|11 M: Come cosa?
19|12 B: Beh, come le curve del corpo …
19|13 M: Alcuni forse sì. Effettivamente molti uomini lo fanno. Ma io sono attratto dai visi. Non solo se sono belli, e il Suo viso è bello …
19|14 B: Grazie, Michele.
19|15 M: Vede, a me piace un viso che mostri personalità. In altre parole un viso che rifletta la persona dietro il volto. Sa cosa voglio dire?
19|16 B: Credo di sì.

Einheit 20: Alter und Zeit

20|01 M: Ich glaube auch, dass Leute natürlich altern müssen. Ich meine, dass das Gesicht einer Person die Vergangenheit ehrlich widerspiegeln sollte. Ich glaube nicht an Lifting oder andere kosmetische Tricks, die eine sechzigjährige Frau wie eine Dreißigjährige aussehen lassen!

20|02 B: Wie Sophia Loren. Ich las einmal ein Interview, in dem sie zugab, dass sie drei Stunden am Tag damit verbringt, „jung zu bleiben“, wie sie sagte.

20|03 M: Das ist wie das Vortäuschen von Frühling, wenn man schon im Herbst ist …

20|04 B: … oder im Winter Sommer spielen. Apropos, in welcher Jahreszeit haben Sie Geburtstag?

20|05 M: Nächsten Monat. Am 29. Mai, um genau zu sein.

20|06 B: Das ist witzig. Mein Geburtstag ist am 29. September! Eigentlich hoffte meine Mutter, dass ich am 1. Oktober geboren würde, weil das der Geburtstag meines älteren Bruders ist. Aber vielleicht hatte ich es eilig, geboren zu werden. Denn sie hat es kaum geschafft, ins Krankenhaus zu kommen. Sie kam um 22 Uhr an, und ich wurde um 22:15 Uhr geboren!

20|07 M: Ich habe keine Ahnung, zu welcher Tages- oder Nachtzeit ich geboren wurde. Apropos Zeit, wie spät ist es jetzt?

20|08 B: Fast zwei Uhr nachts. Ich hätte nicht geglaubt, dass es so spät oder besser früh ist.

20|09 M: Ich auch nicht. Ich hätte gesagt, dass es mehr oder weniger Mitternacht wäre.

20|10 B: Die Zeit mit Ihnen verfliegt, Michele.

20|11 M: Nun, wenn man Spaß hat, verfliegt die Zeit immer! Ich denke, ich muss jetzt wirklich gehen. Ich muss ein Fax an meinen Kunden schicken, um den Termin am Montag zu bestätigen. Aber wenn Sie morgen Zeit haben, können wir zusammen zu Mittag essen.

20|12 B: Sehr gerne. Was würden Sie zu einem Mittagessen hier bei mir sagen? Sagen wir Salat, Gemüse und Steak?

20|13 M: In Ordnung. Um 13 Uhr?

20|14 B: Um 13 Uhr. Gute Nacht oder besser guten Tag, Michele.

20|15 M: Gute Nacht, Bianca. Gute Nacht und schöne Träume.

Dekodierte Fassung

Unità	Vẹnti:	Età	e	ọra
Einheit	**Zwanzig:**	**Alter**	**und**	**Zeit**

20|01 M:

Ịo	crẹdo	ạnche	che	la	gẹnte	dẹbba	invecchiạre	naturalmẹnte.	
Ich	**glaube**	**auch**	**dass**	**die**	**Leute**	**müssen**	**altern**	**natürlich.**	**Ich**

Vọglio	dịre	che	il	vọlto	di	ụna	persọna	dovrẹbbe	riflẹttere
will	**sagen**	**dass**	**das**	**Gesicht**	**von**	**einer**	**Person**	**sollte**	**widerspiegeln**

sinceramẹnte	il	passạto.		Non	crẹdo	nel	lịfting	o	in
ehrlich	**die**	**Vergangenheit.**	**Ich**	**nicht**	**glaube**	**in_das**	**Lifting**	**oder**	**in**

ạltri	trụcchi	di	cosmẹtica	che	fạnno	apparịre	trentẹnne	ụna
andere	**Tricks**	**von**	**Kosmetik**	**die**	**machen**	**aussehen**	**dreißigjährig**	**eine**

dọnna	di	sessant'ạnni.
Frau	**von**	**sechzig_Jahren.**

20|02 B: Cọme Sophịa Lọren. Ụna vọlta ho lẹtto un’intervịsta in cụi
Wie Sophia Loren. Ein Mal ich habe gelesen ein_Interview in dem

lẹi ammettẹva di passạre tre ọre al giọrno “a rimanẹre
sie zugab von verbringen drei Stunden an_dem Tag „zu bleiben

giọvane”, cọme dicẹva lẹi.
jung“, wie sagte sie.

20|03 M: È cọme far fịnta di ẹssere in primavẹra quạndo si è
Das ist wie machen Finte von sein in Frühling wenn sich ist

già in autụnno …
schon in Herbst …

20|04 B: … o che sịa estạte d’invẹrno. A propọsito, in quạle stagiọne
… oder dass sei Sommer von_Winter. Apropos, in welcher Jahreszeit

festẹggia il Sụo compleạnno?
feiert der Ihr Geburtstag?

20|05 M: Il mẹse prọssimo. Il 29 mạggio per ẹssere precịsi.
Den Monat nächsten. Den 29. Mai für sein genau.

20|06 B: È bụffo. Il mịo compleạnno è il 29 settẹmbre!
Das ist witzig. Der mein Geburtstag ist der 29. September!

A dịre il vẹro mịa mạdre sperạva che nascẹssi il prịmo
Eigentlich meine Mutter hoffte dass ich geboren_würde den ersten

ottọbre, che è il compleạnno del mịo fratẹllo maggiọre.
Oktober, der ist der Geburtstag von_dem meinem Bruder größeren.

Ma fọrse avẹvo frẹtta di nạscere. Infạtti lẹi è
Aber vielleicht ich hatte Eile von geboren_werden. Denn sie ist

appẹna riuscịta ad arrivạre all’ospedạle. È arrivạta
kaum geschafft zu ankommen in_dem_Krankenhaus. Sie ist angekommen

ạlle diẹci di sẹra e ịo sọno nạta ạlle 10:15.
um_die zehn von Abend und ich bin geboren um_die 10:15.

20|07 M: Ịo non ho idẹa dell’ọra del giọrno o dẹlla
Ich nicht habe Ahnung von_der_Zeit von_dem Tag oder von_der

nọtte in cụi sọno nạto. A propọsito di orạrio, che
Nacht in der ich bin geboren. Apropos von Zeit, was für

ọre sọno adẹsso?
Stunden sind jetzt?

20|08 B: Quạsi le dụe di nọtte. Non credẹvo fọsse così tạrdi, o
Fast die zwei von Nacht. Ich nicht glaubte es wäre so spät, oder

mẹglio così prẹsto.
besser so früh.

20|09 M: Nemmẹno ịo. Avrẹi dẹtto che fọsse più o
Auch_nicht ich. Ich haben_würde gesagt dass es wäre mehr oder

mẹno mezzanọtte.
weniger Mitternacht.

20|10 B: Il tẹmpo con Lẹi vọla, Michẹle.
Die Zeit mit Ihnen verfliegt, Michele.

20|11 M: Beh, quạndo ci si divẹrte il tẹmpo vọla sẹmpre! Pẹnso
Nun, wenn da sich vergnügt die Zeit verfliegt immer! Ich denke

che adẹsso dẹbba prọprio andạre. Dẹvo mandạre un fax
dass jetzt ich muss wirklich gehen. Ich muss schicken ein Fax

al mịo cliẹnte per confermạre l'appuntamẹnto di lunedì. Ma
an_den meinen Kunden für bestätigen den_Termin von Montag. Aber

se domạni è lịbera possiạmo pranzạre insiẹme.
falls morgen Sie sind frei wir können zu_Mittag_essen zusammen.

20|12 B: Mi piacerẹbbe tantịssimo. Che ne dirẹbbe di
Das mir gefallen_würde allzu_sehr. Was Sie davon sagen_würden von

pranzạre qui da me? Diciạmo insalạta, verdụra e bistẹcca?
zu_Mittag_essen hier bei mir? Sagen wir Salat, Gemüse und Steak?

20|13 M: Va bẹne. All'ụna?
Das geht gut. Um_die_eins?

20|14 B: All'ụna. Buọna nọtte, o mẹglio buọn giọrno, Michẹle.
Um_die_eins. Gute Nacht, oder besser guten Tag, Michele.

20|15 M: Buọna nọtte, Biạnca. Buọna nọtte e sọgni d'ọro.
Gute Nacht, Bianca. Gute Nacht und Träume von_Gold.

Italienische Fassung

Unità Venti: Età e ora

20|01 M: Io credo anche che la gente debba invecchiare naturalmente. Voglio dire che il volto di una persona dovrebbe riflettere sinceramente il passato. Non credo nel lifting o in altri trucchi di cosmetica che fanno apparire trentenne una donna di sessant'anni.

20|02 B: Come Sophia Loren. Una volta ho letto un'intervista in cui lei ammetteva di passare tre ore al giorno “a rimanere giovane”, come diceva lei.

20|03 M: È come far finta di essere in primavera quando si è già in autunno …

20|04 B: … o che sia estate d’inverno. A proposito, in quale stagione festeggia il Suo compleanno?

20|05 M: Il mese prossimo. Il 29 maggio per essere precisi.

20|06 B: È buffo. Il mio compleanno è il 29 settembre! A dire il vero mia madre sperava che nascessi il primo ottobre, che è il compleanno del mio fratello maggiore. Ma forse avevo fretta di nascere. Infatti lei è appena riuscita ad arrivare all’ospedale. È arrivata alle dieci di sera e io sono nata alle 10:15.

20|07 M: Io non ho idea dell’ora del giorno o della notte in cui sono nato. A proposito di orario, che ore sono adesso?

20|08 B: Quasi le due di notte. Non credevo fosse così tardi, o meglio così presto.

20|09 M: Nemmeno io. Avrei detto che fosse più o meno mezzanotte.

20|10 B: Il tempo con Lei vola, Michele.

20|11 M: Beh, quando ci si diverte il tempo vola sempre! Penso che adesso debba proprio andare. Devo mandare un fax al mio cliente per confermare l’appuntamento di lunedì. Ma se domani è libera possiamo pranzare insieme.

20|12 B: Mi piacerebbe tantissimo. Che ne direbbe di pranzare qui da me? Diciamo insalata, verdura e bistecca?

20|13 M: Va bene. All’una?

20|14 B: All’una. Buona notte, o meglio buon giorno, Michele.

20|15 M: Buona notte, Bianca. Buona notte e sogni d’oro.

Epilog Teil 2: Wie man weitermacht

2E|01 M: Gut, wir sind am Ende des zweiten Teils dieses Italienischkurses angekommen.

2E|02 B: Sie haben jetzt eine gute Grundlage der italienischen Sprache. Sie haben praktische Kenntnisse erlangt, wie man mit der Birkenbihl-Methode lernt, und Sie haben so viele Wörter gelernt, ohne zu versuchen, einzelne Wörter oder Grammatikregeln zu lernen.

2E|03 M: Sie werden jetzt weitermachen wollen. Denn, nachdem Sie den schwierigsten Teil gemeistert haben, den ersten Teil der Reise in eine andere Sprache, wird das Weitermachen immer leichter. Es wäre daher schade, jetzt aufzuhören.

2E|04 B: Außerdem bitten wir Sie, diesen Kurs von Zeit zu Zeit wiederholt anzuhören, sodass Ihnen der Inhalt immer vertrauter wird.

2E|05 M: Umgeben Sie sich häufig mit Italienern. Auf diese Art schaffen Sie den Effekt, in Italien zu leben. Denn man lernt schneller, wenn man im Ausland lebt.

2E|06 B: Man ist immer von der neuen Sprache umgeben. Ob man in einen Laden oder in ein Restaurant, an den Bahnhof oder durch die Straße geht, man kann immer Leute hören, die jene Sprache sprechen.

2E|07 M: Wenn Sie also wiederholt diesen Kurs anhören, passiv, während Sie andere Dinge machen, oder aktiv, während Sie zum Beispiel einen Spaziergang machen oder reisen, werden Sie ständig Ihre Kenntnisse vertiefen.

2E|08 B: Sie haben den schwierigsten Teil Ihres Weges in unsere Sprache gemeistert. Gratulation und viel Glück! Auf Wiedersehen fürs Erste.

2E|09 M: Auf Wiedersehen und alles Gute für Ihre Zukunft.

Dekodierte Fassung

Epịlogo: Cọme continuạre
Epilog: Wie weitermachen

2E|01 M: Bẹne, siạmo giụnti ạlla fịne dẹlla secọnda pạrte di
Gut, wir sind gelangt an_das Ende von_dem zweiten Teil von

quẹsto cọrso di italiạno.
diesem Kurs von Italienisch.

2E|02 B: Ọra avẹte ụna buọna bạse dẹlla lịngua italiạna.
Jetzt Sie haben eine gute Grundlage von_der Sprache italienischen.

Avẹte raggiụnto ụna conoscẹnza prạtica di cọme imparạre
Sie haben erlangt eine Kenntnis praktische da‿ von wie lernen

con il mẹtodo Birkenbihl e avẹte apprẹso tạnte parọle
mit der Methode Birkenbihl und Sie haben gelernt so_viele Wörter

sẹnza cercạre di imparạre le sịngole parọle o rẹgole
ohne versuchen von lernen die einzelnen Wörter oder Regeln

grammaticạli.
grammatikalischen.

2E|03 M: Ọra vorrẹte continuạre. Perché dọpo avẹr superạto
Jetzt Sie wollen_werden weitermachen. Weil nach haben gemeistert

la pạrte più diffịcile, la prịma pạrte del viạggio in
den Teil meist schwierigen, den ersten Teil von_der Reise in

un'ạltra lịngua, continuạre sarà sẹmpre più fạcile.
eine_andere Sprache, weitermachen sein_wird immer mehr leicht. Es

Sarẹbbe quịndi un peccạto fermạrsi adẹsso.
wäre daher eine Sünde anhalten_sich jetzt.

2E|04 B: Inọltre Vi preghiạmo di ascoltạre ripetutamẹnte quẹsto cọrso,
Außerdem wir Sie bitten von anhören wiederholt diesen Kurs,

di tạnto in tạnto, cosicché il contenụto Vi diventerà sẹmpre più
von_Zeit_zu_Zeit, sodass der Inhalt Ihnen werden_wird immer mehr

familiạre.
vertraut.

2E|05 M: Circondạte Vi frequentemẹnte di italiạni. In quẹsto mọdo
Umgeben Sie sich häufig von Italienern. In dieser Art Sie

produrrẹte l'effẹtto di vịvere in Itạlia. Ẹcco perché si
schaffen_werden den_Effekt von leben in Italien. Sieh_da weil sich

impạra più in frẹtta vivẹndo all'ẹstero.
lernt mehr in Eile lebend in_dem_Ausland.

2E|06 B: Si è sẹmpre circondạti dạlla nuọva lịngua. Sịa che si
Sich ist immer umgeben von_der neuen Sprache. Sei es dass sich

vạda in un negọzio o in un ristorạnte, ạlla staziọne ferroviạria
geht in einen Laden oder in ein Restaurant, an_den Bahnhof

o per la strạda; e si può sẹmpre sentịre gẹnte che
oder durch die Straße; und sich kann immer hören Leute die

pạrla quẹlla lịngua.
sprechen jene Sprache.

2E|07 M: Quịndi, se ascoltạte ripetutamẹnte quẹsto cọrso, passivamẹnte
Also, falls Sie anhören wiederholt diesen Kurs, passiv

mẹntre fạte ạltre cọse, o attivamẹnte, per esẹmpio,
während Sie machen andere Dinge, oder aktiv, für Beispiel,

mẹntre fạte ụna passeggiạta o mẹntre viaggiạte,
während Sie machen einen Spaziergang oder während Sie reisen, Sie

approfondirẹte costantemẹnte la Vọstra conoscẹnza.
vertiefen_werden ständig die Ihre Kenntnis.

2E|08 B: Avẹte superạto la pạrte più diffịcile del Vọstro
Sie haben gemeistert den Teil meist schwierigen von_dem Ihrem

cammịno nẹlla nọstra lịngua. Congratulaziọni e buọna fortụna.
Weg in_die unsere Sprache. Gratulationen und gutes Glück.

Per ọra arrivedẹrci.
Fürs_Erste auf_Wiedersehen_uns.

2E|09 M: Arrivedẹrci e tạnti augụri per il Vọstro futụro.
Auf_Wiedersehen_uns und so_viele Glückwünsche für die Ihre Zukunft.

Italienische Fassung

Epilogo: Come continuare

2E|01 M: Bene, siamo giunti alla fine della seconda parte di questo corso di italiano.

2E|02 B: Ora avete una buona base della lingua italiana. Avete raggiunto una conoscenza pratica di come imparare con il metodo Birkenbihl e avete appreso tante parole senza cercare di imparare le singole parole o regole grammaticali.

2E|03 M: Ora vorrete continuare. Perché dopo aver superato la parte più difficile, la prima parte del viaggio in un'altra lingua, continuare sarà sempre più facile. Sarebbe quindi un peccato fermarsi adesso.

2E|04 B: Inoltre Vi preghiamo di ascoltare ripetutamente questo corso, di tanto in tanto, cosicché il contenuto Vi diventerà sempre più familiare.

2E|05 M: Circondate Vi frequentemente di italiani. In questo modo produrrete l'effetto di vivere in Italia. Ecco perché si impara più in fretta vivendo all'estero.

2E|06 B: Si è sempre circondati dalla nuova lingua. Sia che si vada in un negozio o in un ristorante, alla stazione ferroviaria o per la strada; e si può sempre sentire gente che parla quella lingua.

2E|07 M: Quindi, se ascoltate ripetutamente questo corso, passivamente mentre fate altre cose, o attivamente, per esempio, mentre fate una passeggiata o mentre viaggiate, approfondirete costantemente la Vostra conoscenza.

2E|08 B: Avete superato la parte più difficile del Vostro cammino nella nostra lingua. Congratulazioni e buona fortuna. Per ora arrivederci.

2E|09 M: Arrivederci e tanti auguri per il Vostro futuro.

Notizen

Notizen

Sämtliche Sprachkurse und Seminar-Videos finden Sie auf

www.birkenbihl-sprachen.de

sowie

www.birkenbihl.tv

Die Internetangebote werden laufend aktualisiert und erweitert.